道法自然
天人合一

U0743525

园林神话

先秦风物

悦读丛书
浙江省社科规划一般课题（科普读物）
——23KPDW04YB——

挺有意思的先秦园林

陈波 著

中国电力出版社
CHINA ELECTRIC POWER PRESS

内 容 提 要

　　园林，是中国人梦中的桃花源。作为一种文化象征，中国园林如同一个魔盒，从中源源不断地涌出各种神话和奇观。中国园林是蓬莱仙境与桃花源的幻想，也是对人与自然关系的投射。本书是"陈博士说园林"系列丛书之"挺有意思的园林断代史普及读物"的第一册，介绍了先秦时期 30 个园林的知识点，融故事性与趣味性于一体，轻松有趣、通俗易懂、图文并茂。从神话描写的园林到园林创造的神话，本书仿佛破译了桃花源的密码。

图书在版编目（CIP）数据

挺有意思的先秦园林 ／ 陈波著． —北京：中国电
力出版社，2024.1
　　ISBN 978-7-5198-8303-4

　　Ⅰ.①挺... Ⅱ.①陈... Ⅲ.①古典园林－中国－先秦
时代－通俗读物 Ⅳ.① K928.73-49

　　中国国家版本馆 CIP 数据核字（2023）第 215638 号

出版发行：中国电力出版社
地　　址：北京市东城区北京站西街 19 号（邮政编码 100005）
网　　址：http://www.cepp.sgcc.com.cn
责任编辑：曹　巍（010-63412609）
责任校对：黄　蓓　常燕昆
装帧设计：张俊霞
责任印制：杨晓东

印　　刷：北京盛通印刷股份有限公司
版　　次：2024 年 1 月第一版
印　　次：2024 年 1 月北京第一次印刷
开　　本：710 毫米 ×1000 毫米　16 开本
印　　张：14
字　　数：275 千字
定　　价：78.00 元

自序

作为大学老师，我给大一新生开设过《风景园林导论》课程，这门课的目的是"扫盲"，让刚刚进入风景园林专业的新生对学科和行业有总体性、概括性的认识，从而对学生未来的专业学习起到宏观指导作用。

在第一次上课的开始，我总会问同学们一个问题："请谈谈你们对风景园林的认识。"答案基本上千篇一律："栽花的""种树的""搞绿化的"……这让我心里拔凉拔凉的。

对于园林知识，报考风景园林专业的学生都懵懵懂懂，大众的了解程度就更加不容乐观！

现实问题摆在面前：生活的节奏越来越快，整日穿梭在水泥森林中，我们忽视了身边的许多美好——春天的鸟语清风、夏天的蝉鸣荷香、秋天的落叶缤纷、冬天的皑皑白雪……

热爱自然、向往自然，是人类的天性。当前，美丽中国、美好生活已成为人们物质相对丰富之后普遍追求的精神归宿。

园林，是现实生活中的桃花源。在园林中，人与自然能够和谐相处。

如果说，建筑给了我们遮风挡雨、御寒避暑的港湾；那么，园林则赋予我们生活的诗意与静谧。于是，我们都希望，守着一方向往的天地，寄情山水、摆弄花草、观鸟赏鱼，寻得内心的安宁，享受大自然的恩赐，让园林融入生活的点点滴滴。

但是，园林在古代是属于统治阶级和富贵阶级的私有财产，而当下越来越"高大上"的专业研究成果让曾经的桃花源离人们的日常生活越来越远。

中国是一个有着五千年文明史的古国，中国园林也有三千年发展历史，并被举世公认为"世界园林之母"。灿烂悠久的园林历史文化让我们感到荣耀的同时，常常又感觉有些虚无缥缈。除了园林史教科书上干巴巴的园林名称和建造朝代，我们又知道多少？和我们今天奔波忙碌的生活又有什么关系？

其实，园林的内涵和外延很宽广，用专业的语言来定义："园林"是在一定的地域，运用工程技术和艺术手段，通过改造地形（或进一步筑山、叠石、理水）、种植树木花草、营造建筑和布置园路等途径，创作而成的美的自然环境和游憩境域。

可见，园林既是具体的休憩空间与场所，包含了亭台楼阁、山石路径和花木溪池，又是抽象的文化精神，表达了人生哲学、诗画意境和环境理想。这些物质文化和精神文化正与我们的生活息息相关。心中怀着园林雅趣，眼前便处处可化作桃源。

在大力提倡传承发展中华优秀传统文化的今天，作为优秀传统文化代表之一的中国园林，必须打破"养在深闺人未识"的现状，通过广大从业者的不懈努力，拉近和大众之间的距离，并融入人们的日常生活之中，最终实现"让园林文化流行起来，让园林生活成为时尚"的目的。

因此，有了以"园林生活家""陈博士说园林"等为主题的新媒体矩阵，以及相关的系列公益活动、系列科普丛书……

作为"陈博士说园林"系列丛书的第一部，2019年出版的《挺有意思的中国古典园林史》是在出版社编辑老师的鼓励与帮助下开始创作的。第一次写科普读物，我难免有点诚惶诚恐，好在"手中有粮，心中不慌"，下笔很从容，顺利完成出版。《挺有意思的中国古典园林史》一书深入浅出，寓教于乐，在系统梳理中国古典园林发展历程的基础上，介绍了一些重要的著名园林和园林趣事。该书出版后，业内专家与广大读者都对它评价挺高。

但是，在小成绩面前沾沾自喜、裹足不前，绝不是陈博士的做事风格。

因为我深深知道，中国古典园林几乎涵盖了中华文化的方方面面，是一部全景式的百科全书，博大精深，限于篇幅和体例，该书涉及的仅仅是冰山一角，而且很多内容都是点到即止，还不够全面、深入，因此，我心里总感觉对不起读者朋友们的厚爱，希望能尽快有所弥补。

于是，我下定决心、克服困难，着手创作了这本《挺有意思的先秦园林》，以及正在筹备之中的秦汉至明清等朝代的园林断代史普及读物。

大家可以这样理解，《挺有意思的中国古典园林史》属于"一本通"式的基础读物，体系完整且简明扼要，可以作为入门书籍进行泛读；而后续的断代史系列，可以作为进阶书籍进行精读，相信您一定会乐在其中、收获满满。

"园林断代史普及读物"的写作方式，尽可能融故事性与趣味性于一体，轻松有趣、通俗易懂、图文并茂；每册30讲，尽可能融全面性与代表性于一体，包罗万象、重点突出，既有对著名园林景观的介绍，也有对相关背景知识的论述；既有对古典园林案例的分析，也有对现代园林设计的借鉴……

为了让这套丛书早日与大家见面，我像打了鸡血，连日奔忙于查阅资料、构思、写作、配图，努力让它以最好的面貌呈现在大家面前。

"诗意的人生，是坚持做自己喜欢的事情。"每天用文字的形式给大家说说园林那些事儿，是我的小确幸！说实话，我尽力了，希望广大读者朋友能体会到我的用心。你们的满意，是我最大的追求；你们的鼓励，是我最大的动力，谢谢！

2023年10月
于杭州浙韵居

前言

中国古典园林有着悠久的历史，先秦时期园林体系的形成，多体现在物质生产方面，如成为园林雏形的苑、囿、园、圃等，随着长期的发展，又有了驱灾避难等生态维护功能，也是举行图腾崇拜、祭祀礼仪等政治活动的场所，并成为教育、养老的基地。

同时，园林作为中国古代文化的物质载体，在先秦时期就包含了丰富的宗教、美学、哲学、礼乐文化等内容，体现了法术思维、巫术思维到诗性思维的转变过程。尤其是春秋战国时期，孔子前后，中国古代文化发生了根本性的变革，呈现出百家争鸣的格局，出现了空前理性自觉的时代，这种理性化的发展奠定了中国古代园林的美学框架，很多重要的美学范畴就是在这个时期兴起的。

先秦时期是中国园林的萌芽时期。先秦时期的造园思想、造园手法、园林形式对后世园林的创作产生了深远的影响。由于先秦园林连遗迹也难以寻觅了，因此，想了解先秦园林，不得不从先秦时期的文学作品入手。

神话传说、诸子百家经典、诗歌、散文等作为华夏先民精神活动的产物，成为这个时期文学的重要成就，从这些作品中找寻中国古典园林的踪迹，可从源头更加深刻地领略中国园林的广博内涵。

先秦时期是中国各种艺术形式的起源时期。这一时期文学先于园林蓬勃发展起来。诗歌、散文、神话等文学作品都运用朴实真切的语言，表达了先民对美好事物的向往，以及对丑恶事物的厌恶。

从"山环水绕"到"一池三山"，《山海经》《淮南子》《穆天子传》等文学作品里中国园林的雏形渐渐浮现，成为帝王创作宫苑池山的典范，神话的影响力已经超出了文学本身，对中国园林产生了巨大的影响。

在原始社会，人们生存很大程度上依赖于植物，植物成为他们崇拜的对象之一。植物崇拜在《山海经》中有大量反映。那些具有"食之不饥""食之宜子孙""佩之不迷"的植物被人们赋予了神性。

在长期的生产实践中，人们逐渐与植物建立了一种亲密和谐的关系，对植物形态、颜色、特征、生长期、生长地和用途的了解也逐渐加深，植物慢慢褪去神秘的外衣，以清新自然的面貌展现于人们面前，因此《诗经》《楚辞》《庄子》等文学作品中有大量关于植物的描写。

园林是中国传统哲学思想、美学思想的集中表现，先秦文学是中国传统文化的重要源泉，这些蕴藏在先秦文学中的思想影响着中国文人的山水观，也对中国园林起到了潜移默化的影响。

先秦儒家关注伦理道德，因此审美活动中留下了伦理道德的烙印。从孔子"仁者乐山，智者乐水"的思想出发，经孟子、荀子、董仲舒等人推波助澜，"山水比德"一直影响着中国园林中山水之美的创造。

先秦道家以自然为美，在对山水的欣赏中怡然自乐。道家的"道法自然"审美观超越了儒家山水比德的功利性，实现了心灵的安然恬淡，获得了生命的自由。庄子面对自然的审美愉悦对后世山水诗画及山水园林的出现都埋下了伏笔。

随着时代的变迁，中国园林逐渐演变为"以山石为骨架，以水为血脉，以草木为毛发，以烟云为神采"的山水园林形式，在世界园林中散发着耀眼光芒，但不容置疑的是，中国古典园林的造园思想及造园手法无不带有先秦原始思维的印记，先秦文学为推动中国园林的发展发挥了巨大作用。

本书通过梳理从上古时代至战国末期的先秦园林发展脉络，总结了30讲园林知识点和园林故事，意在为追求雅致生活的人们提供一些精神食粮和实践指导，最终实现"让园林文化流行起来，让园林生活成为时尚"的目标。

由于本人学识所限，书中难免有不妥甚至错误之处，恳请业内专家和广大读者批评指正！

最后，特别感谢浙江省社会科学界联合会将本书立项为"2023年度省社科联社科普及年度重点课题"和"省哲学社会科学规划一般课题"；感谢匿名的评审专家们对本书的认可和对我的鼓励；感谢王月瑶、杨翔两位同学在文字撰写与插画设计方面提供的帮助；感谢中国电力出版社曹巍编辑对本书编辑出版的支持和付出；感谢所有浙派园林研究与中国园林科普工作中志同道合的战友们！感谢"浙江广厦建设职业技术大学科研启动经费资助项目（2023KYQD-CB）"对本书的资助。

2023年10月

于杭州浙韵居

目录

剧透

先秦园林那些事

言归

正传

破译桃花源的

密码

彩蛋

从先秦风物到秦汉风骨

先秦园林那些事

一 先秦园林时代背景

（一）政治方面

先秦（旧石器时期~公元前221年）泛指中国古代秦朝以前的历史时代，始于远古人类产生时期，依据中国历史大系表的顺序，经历了远古文化时期的有巢氏、燧人氏、伏羲氏、神农氏（炎帝）、轩辕氏（黄帝）、尧、舜、禹等时代；再到夏、商、周这段时期。即从传说中的三皇五帝到战国时期这一阶段，直到公元前221年秦始皇统一六国为止。

本书主要关注"狭义的先秦"，包含我国从进入文明时代直到秦朝建立这段时间，主要指夏、商、西周、春秋、战国这几个时期。

先秦时期朝代概况

朝代		起讫时间	开国帝王	都城	今地名
夏		约前2070~前1600年	启	安邑	山西夏县
商		约前1600~前1046年	汤	亳、殷	河南商丘、安阳
周	西周	约前1046~前771年	周武王姬发	镐京	陕西西安
	东周	前770~前256年	周平王姬宜臼	洛邑	河南洛阳
春秋		前770~前476年	—	—	—
战国		前475~前221年	—	—	—

夏，约公元前21~约前16世纪。

关于夏的名称来源，史学界有很多种说法，比较可信的观点认为，夏是夏族图腾的象形字。据司马迁记载，夏是姒（sì）姓夏后氏、有扈氏、有男氏等十二个氏族组成的部落的名号，以"夏后"为首领，因此建立夏代之后就以部落名为国号。

商，约公元前17~前11世纪。

商汤建立商代的时候，最早的国都在亳（bó，今河南商丘南）。在以后三百年当中，都城一共搬迁了五次。因为内乱加上水灾，不得不搬家。从商汤开始传了二十个王，王位传到盘庚手里，约公元前14世纪，搬迁到殷（今河南安阳小屯村）。在那里整顿政治，使衰落的商代出现了复兴的局面，此后二百多年里，一直没有迁都。所以商代又称作殷商或者殷朝。

周，公元前1046~前256年。

周部落在古公亶（dǎn）父做首领的时候，迁居到周原（今陕西岐山）。武王消灭殷商之后，就以周作为朝代名。周前期建都于镐（hào，今陕西西安西南），后来平王将都城迁到洛邑（今河南洛阳），因为在镐的东方，就有西周和东周的称号。东周的前期称春秋，后期称战国。

西周共和元年（公元前841年）是中国历史上有确切纪年的开始。在这之前，历史事件的年代都是根据甲骨文、金文和人们的传说来推测的，断断续续，无从考证，而甲骨文的记载也不全面，只是很小的一部分。所以争议很大。

（二）经济方面

夏、商、西周都是奴隶制国家，生产力十分低下。

夏的经济主体是农业，黄河流域的农业比较发达，农业生产工具以木石器为主，有的部落开始使用铜器，并具备了治水、挖井的技术与经验。夏代畜牧业很发达，冶铸青铜器、制磨石器等手工业也有所发展。

商代采用井田制，是一种国家土地公有制形式，对农田土地进行管理和经营，青铜农具使用广泛，生产效率有了很大提高。商代青铜器制作达到了全盛水平，青铜器包括兵器、礼器、农具等，其中以礼器的制作工艺最为精致。

这一时期的原始宗教信仰包括：自然崇拜、祖先崇拜和图腾崇拜。相应地，出现了台、囿、圃等园林形式的雏形，具有神秘的宗教祭祀功能和原始的生产功能。台高高筑起，与天更为接近，满足统治者通天、通神灵的需求；囿和圃用于圈养猎物和种植果蔬，满足最原始的食物来源。

周代，井田制的逐渐崩溃使百姓获得了一定的人身自由，劳动的兴趣有所提高；同时，较多地使用铁农具和牛耕的推广，极大地提高了农业生产力，农作物的产量大幅度增长。

这一时期商业发达，有了专门从事贸易活动的商人。民间的贸易活动，也在城邑内外展开。东周的丝绸西传路线甚至横贯欧亚大陆。

东周后期，逐渐由奴隶社会发展为封建社会，生产力大大提高，园林的观赏、游览功能逐渐上升。天子、诸侯、士大夫等大小贵族奴隶主所拥有的"贵族园林"相当于皇家园林的前身，但还不算真正意义上的皇家园林。

（三）文化方面

春秋时期，伴随着社会的转型，产生了各类具有重要影响的社会思想与哲学思想。比较典型的是孔子的儒家思想和老子的道家思想。

孔子是儒家学派的创始人，著有《论语》《六经》《春秋》等著作，提倡礼制和社会等级秩序，强调道德修养的重要性，主张"仁治""德治""礼治""人治"思想。

老子是道家思想的创始人，著有《道德经》一书，认为"道"是万物的本源，无论什么事都要遵循本源；在政治上，主张无为而治；而在权术上，主张物极必反。

战国时期，学术思想更加活跃，百家争鸣，儒家和道家思想继续发展，并涌现了墨家、法家等思想。

儒家思想的代表人物是孟子，在孔子学说的基础上提出了"性善论"，鼓励人们努力向善，以道义作为交往的准则。

道家思想的代表人物是庄子，著有《庄子》一书，提出世界的本源为"道"和万物的相对性质，主张"清静无为、顺其自然"。

墨家思想的代表人物是墨子，提出了"非攻"和"兼爱"的社会整合准则，提倡社会平等，选拔贤能管理社会，通过制度建设规范人们的行为。

法家思想的代表人物是韩非子，认为人的本性是自私的，应通过严峻的刑法和威严控制社会，建立中央集权制度。

在文学领域，战国时期的屈原是中国历史上第一位伟大的爱国诗人，中国浪漫主义文学的奠基人，"楚辞"的创立者和代表作家。以屈原作品为主体的《楚辞》是中国浪漫主义文学的源头之一，对后来的诗歌产生了深远影响。

楚辞的"比兴"手法与儒家的"比德"有着较为密切的联系。

所谓比兴，是指受某一（类）事物的启发或借助于某一（类）事物，综合运用联想、想象、象征、隐喻等手段，表现另一（类）事物的美的形象，展示其美的内涵的艺术思维方式。

所谓比德，是指以自然物（如山、水、松、竹等）的某些特点使人联想起人的道德属性，作为人的道德品格、情操的象征，因而赋予自然物以道德意义。

简而言之，"比德"与"比兴"在创作手法上是一致的，所不同的是表达的内容，"比兴"是将自然物人格化，"比德"则不仅是将自然物人格化，更是将其道德化了。

这一时期出现的道家"道法自然"、儒家"君子比德"，以及儒道均提倡的"天人合一"❶等哲学思想为中国古典园林以后向自然风景式方向发展奠定了思想基础。

二　先秦园林发展简史

（一）发展历程

中国古典园林源远流长，有3700多年的历史。

中国园林史上最早有记载的园林传说，是上古神话

❶ "天人合一"思想是中国传统哲学的一个核心理念和重要命题，是中国传统文化的重要组成部分。儒、释、道三家均提倡"天人合一"的哲学思想，但所阐述的侧重点不同。简而言之，儒家追求人与社会的和谐；释家（佛家）追求人与自身的和谐；而道家追求人与自然的和谐。第十五、十六讲会有深入论述。

中最高的天神——黄帝的玄圃（又称悬圃），它与王母娘娘的瑶池一起，被当作神话传说在古代广为流传。

历史上最早的、有史可查的贵族园林则是殷商末代帝王——殷纣王建的沙丘苑台，以及周朝奠基者——周文王建的灵囿、灵沼和灵台。

商王朝自从盘庚迁都到殷以后，传到最末一代帝辛。帝辛就是殷纣王，在位时间相当于公元前11世纪。殷纣王大兴土木，修建规模庞大的离宫别馆。鹿台和沙丘苑台是其中主要的两处。鹿台在今河南汤阴，沙丘苑台在今河北邢台。

周灭商，建都镐京（今西安西南），分封宗室、贵族，在各地建立诸侯国。配合分封建制，周王朝开始进行史无前例的大规模都城营建活动，带动了贵族园林的发展。其实，周代建立之前，周文王就开始了园林的兴建，这就是著名的灵台、灵囿、灵沼，三者组成一个规模巨大的园林。

春秋战国时期，周天子的权威地位被削弱，诸侯国经济与政治势力逐渐强大起来。各国诸侯都大兴土木，营造大量的宫殿和苑囿。

宫殿一般建在都城里，苑囿则设置在郊野风景优美的地方。例如秦穆公的灵台、宋平公的之台、齐国的遗台、卫侯的灵台等。鲁庄公一年之中竟然连续建造三座台。甚至卿大夫们也纷纷自筑高台。

这一时期，筑台建苑的目的也与上古时期有了很大的不同，游乐宴饮已成为其主要功能之一，园林建设几乎成了享乐的手段。

所以，春秋战国时期出现了一大批规模巨大的宫苑建筑，比如楚国的章华台、吴国的姑苏台、晋国的铜鞮宫等。其中，最著名的一座就是吴王夫差修建的姑苏台。

战国时期，神仙思想开始流行，尤其在齐地，就是如今的山东。山东靠近大海，海市蜃楼的现象让古人难以理解，便产生了"三仙山"的说法，分别是蓬莱、方丈、瀛洲。齐威王、齐宣王和燕昭王都曾经派人入海寻找三仙山，只是谁也没有找到。

综上所述，中国古典园林起源于古代帝王狩猎的囿和通神的台。狩猎和通神是中国古典园林最早具备的两大功能。苑囿与灵台的结合产生了最初的中国古典园林。

此外，根据古代文献记载，先秦时期就有中国古代私家园林出现的可能性和现实性，而且早在奴隶制时期，就已经出现了几种最早的私家园林形式——平民园圃、贵族私园和隐逸式自然山水郊野园。

因此，有学者通过对古代诗歌，如《诗经》《楚辞》等的研究，并参照考古发现，提出最早的园林雏形应该是原始村落宅边的林木绿化和园圃等实用性绿地。

（二）园林特点

中国园林营造从上古时期就已经开始了。私有财产和统治者是园林产生的物质和政治基础。上自三皇五帝，下至秦始皇统一六国之前，各代都出现过园林，只不过形式不同，有些年代太久，只有记载，而没有考古发掘而已。

无论如何，这些园林都是中国园林发展历史上的先声，没有它们，就不可能有后来历朝历代的众多园林胜迹。

后世园林中的景点创作，无论是文学著作，还是实际构筑物，常以先秦园林的名称作为典故和出处，例如悬圃、上林、华林等，都是对古老园林雏形的追忆。

先秦园林里，神话传说中的园林，如玄圃、瑶池；有记载却无法考证的园林，如帝尧台、帝喾（kù）台、帝舜台、帝丹朱台等；有记载又可以考证的园林，如商纣王的沙丘苑台、楚国的章华台等。

从分类上看，有生产性园林（圃）、狩猎性园林（囿）、观赏性园林（园或圃）、离宫性园林（囿或宫）、宫苑性园林（台或园）、礼仪性园林（台或辟雍）等。其中，以实用性园林为主，如漆园，是宋国种植漆树的园子，庄子曾在此做官。

从审美上看，自然美是先秦园林的主要特征，欣赏大自然的生命意象是先秦园林营造的主要意图。从实用到游乐是审美历程在园林上的表现。从娱神到娱人是先秦园林漫长发展历程的必然结果。

综上所述，先秦时期是中国园林的朦胧和诞生时期。

从对商周时期造园活动的考察来看，早期那些可供人游览观赏的场所，其本身并不一定是为了游赏而刻意营造的人工环境，而多用于满足生产等功能性需求。园、圃、苑、囿的功能有所重叠，也未形成独立完整的空间。

因此，商周时期的园圃与苑囿都是具有"兼容性"的准园林。就自然观念的进步以及自然审美的产生而言，商周尤其是西周中晚期已具备了园林诞生的基础。

春秋战国时期，随着环境保护意识的增强，人们对居住环境的要求有所提高，审美视野也大为拓展。在这样的背景下，造园成为改善居住环境、观赏山水之美的有效方式。

春秋战国时期是中国造园史上一个重要的发展阶段，经历商周的孕育，作为游憩场所的园林，在这个时期形成并发展。大约在春秋中晚期，出现了中国历史上第一次造园高潮；战国时期造园活动也相当频繁，建筑环境的园林化水平进一步提高。

先秦主要园林一览表

类型	朝代	名称	地点	建造者
圃、池	上古	玄圃 瑶池 蓬莱、方丈、瀛洲	昆仑 昆仑 渤海	黄帝 王母 仙人
囿、台	商代	鹿台 沙丘苑台	朝歌 沙丘	商纣王 商纣王
	西周	灵囿、灵沼、灵台 辟雍 骊宫	丰镐 丰镐 临潼	周文王 周文王 周幽王
宫、苑	东周	昆昭台 申池 北园 苑囿 籍圃 金台陂 章华台 长洲苑 姑苏台 琅琊台 越王台 孔林	洛邑 临淄 平阳 灵寿 濮阳 下都 潜江 姑苏 姑苏 琅琊山 会稽 曲阜	周灵王 齐国君主 秦襄公 中山国君主 卫侯 燕国君主 楚灵王 吴王夫差 吴王夫差 越王勾践 越王勾践 孔子弟子

中国古代历史亘古流长，它承载着历史与岁月的记忆，沿着时间的长河，连绵不绝。

追溯人类历史的源头，映入眼帘的便是处于动荡不安的先秦时期，在这个伟大的时代中，先祖们创造了让后世流传称道的中华文明。在烽火连天的先秦社会之中，伟大的中华历史文化在此诞生并得到发展与前进。

上古先秦时期是中华文明蒙昧的"童年时代"。童年时代是天真美好、值得追忆的，因为那是我们中华民族祖先们奋斗的时代。他们是华夏民族的根和身份认同。只有认识了先秦时代，才能认识我们自身——我是谁？我从哪里来？要到哪里去？

先人已逝，祖先不会直接告诉我们答案，但我们可以借助于文学作

言归正传

品，特别是神话来寻找。神话传说是一个民族"童年时代"的文化，其流传过程，就是民族记忆的形成过程。童年记忆难免会模糊，甚至错乱。更有甚者，会被别有用心者有意篡改、移花接木，这一点也不奇怪。

但可以肯定的是，神的世界就是人的世界，神的历史就是人的历史。每个神话都包含着特定的文化符号和代码，抹去其中的神秘色彩，我们就能破解谜题。

园林，是中国人梦中的桃花源。作为一种文化象征，园林，如同一个中国魔盒，从中源源不断地涌出各种神话和奇观，是蓬莱仙境与桃花源的幻想，也是对人与自然关系的投射。

从神话描写的园林到园林创造的神话，我们终于破译了桃花源的密码。

第一篇

神话与园林

第一讲 《山海经》：
山水神话对园林的影响

先民们在探求原始自然神秘力量的过程中创造了神话，

神山圣水和植物神话是原始神话中最重要的组成部分，

山水神话的出现对中国自然山水园林的形成影响巨大。

一、中国神话始祖《山海经》

《山海经》是一部记述中国古代神异鬼怪故事传说的古籍，有说法是战国中后期到汉代初中期的楚国人或巴蜀人所作，是一部奇书。该书作者不详，古今都认为写作时间并非一时，作者也不止一人。

《山海经》全书现存18篇，分为《山经》和《海经》两大部分，往细了说，有《山经》5篇、《海外经》4篇、《海内经》4篇、《大荒经》5篇。

《山经》主要记载山川地理、动物植物和矿物等的分布情况；《海外经》主要记载海外各国的奇异风貌；《海内经》主要记载海内的神奇事物；《大荒经》主要记载与黄帝、女娲和大禹等有关的许多神话。

在它31000多字的篇幅里，记录了约40个邦国、550座山、300条水道、100多位历史人物、400多个奇珍异兽，以及很多神奇的风土人情。它包含了整个上古文化体系、生活体系和艺术体系。

《山海经》是中国记载神话最多的一部古籍，保存了包括"夸父逐日""精卫填海""大禹治水"等不少脍炙人口的远古神话传说和寓言故事，也是一部地理知识方面的百科全书，涉及多个学术领域，例如，哲学、美学、宗教、历史、地理、天文、气象、医药、动物、植物、矿物、民俗学、民族学、地质学、海洋学、心理学、人类学等，可谓海纳百川、包罗万象。

山、水、植物是原始先民赖以生存的自然基础，它们能给人类带来幸福和欢乐，因此山、水、植物是原始先民最早的自然崇拜对象。先民们在探求原始自然神秘力量的过程中产生了自然神话，《山海经》中记载的神山、圣水和植物神话，便是原始自然神话中最重要的组成部分，它们对后来中国自然山水园林的形成具有巨大的影响。

二、《山海经》中的神山、圣水与神树

（一）《山海经》中的神山

原始人类聚族而居，山是他们最早的居住地，出于生存的需要，早期人类对山产生了崇拜的感情，因而山岳崇拜也就成了原始自然崇拜之一。

由于大山高耸入云，巍峨壮观，其顶峰为原始人类所罕至，更使其披上了一层神秘的色彩，因此，先民们便想象那些高大的山就是上天的通道，或者山顶就是神仙们的住所。所以，人们便把虔诚的宗教感情敬献给高山及山上的神仙。

希腊神话中的奥林匹斯山、印度神话中的喜马拉雅山、印加神话中的安第斯山、西伯来神话中的锡安山等都是神山的代表，中国神话中的昆仑山与它们相当。

昆仑，堪称中国神话的第一神山，在《山海经》中共出现23次之多，其神话功能也是多种多样。

原始先民朴素的思维是一种人神杂糅的原始神话思维。他们认为，高山之巅连接着天庭，那里居住着天神，天地可以相通，人神可以往来。人神来往于天地之间正是沿着"天梯"上上下下的。在《山海经》中，昆仑山便是具有这种"天梯"作用的通天工具之一。

《山海经·西次三经》中说："昆仑之丘，是实惟帝之下都，神陆吾司之。"这是《山海经》中有关昆仑神山的最早记叙。昆仑不仅是天神黄帝在人间的都城，而且是凡人升天的通道，但有虎身九尾、人面虎爪的神灵陆吾护卫，又有恶兽毒鸟把守，还算不上美丽缥缈的仙境。

《山海经·大荒西经》中说："西海之南，流沙之滨，赤水之后，黑水之前，有大山，名曰昆仑之丘。"《山海经·海内西经》中说："海内昆仑之虚，在西北，帝之下都。昆仑之虚，方八百里，高万仞。上有木禾，长五寻，大五围，面有九井，以玉为槛。面有九门，门有开明兽守之，百神之所在。"

这两段文字说明了昆仑山的地理位置、面积广大、山峰很高、物品丰富、神灵众多、很难攀登，使其神秘色彩更加突出。

高山在古代神话中还是顶天立地的天柱。原始先民由直观的视觉印象而产生天圆地方的观念，同时想象在大地的四面八方有八座高山支撑着天空。这八座高山便是八根"天柱"❶，而八座高山的顶端与天结合处，也就是上天的入口，被称为"天门"。

值得指出的是，神话中的昆仑并不是一座具体的山。这一点早在汉代就有人提到过。清代学者毕沅在注释《山海经》时则更明确地说："昆仑者，高山皆得名之。"这说明神话昆仑具有广泛的代表性意义，是神山的代表，而非今天的昆仑山或其他某座山。

除了昆仑山外，《山海经》中还写了很多神山。如巫医用来上天下地的灵山、登葆山、肇山；日月升起的六座山：大言山、合虚山、明星山、鞠陵于天山、猗天苏门山、壑明俊疾山；以及日月降落的六座山：丰沮玉门山、龙山、日月山、鏖鏊钜山、常阳山、大荒山。

---

❶ 八根"天柱"就是指八座高大的山，对此，史书上没有统一的说法。其中一种说法出自《淮南子·墬（dì）形训》："八纮之外，乃有八极，自东北方曰方土之山，曰苍门；东方曰东极之山，曰开明之门；东南方曰波母之山，曰阳门；南方曰南极之山，曰暑门；西南方曰编驹之山，曰白门；西方曰西极之山，曰阊阖之门；西北方曰不周之山，曰幽都之门；北方曰北极之山，曰寒门。"另一种说法是后人根据史料拼凑的，《淮南子·天文训》中说："昔者共工与颛顼（zhuān xū）争为帝，怒而触不周之山，天柱折，地维绝。"可见不周山是天柱之一；《神异经·中荒经》中说："昆仑之山，有铜柱焉，其高入天，所谓天柱也，围三千里，周圆如削。"可见昆仑山是天柱之二；此外，《盘古开天》神话中提到，盘古死后身体化为五岳，因此，东岳泰山、西岳华山、北岳恒山、南岳衡山、中岳嵩山等各为天柱之一。还有一根便是安徽天柱山，它是其中唯一以天柱命名的山。

（二）《山海经》中的圣水

昆仑山顶是众神的大本营，又是神灵上天下地的重要通道。这座神圣的高山同时又是许多条河流的发源地。在中国古代的神话王国里，这些重要而神秘的河流便成了从神山流出来的圣水。它们在名称、色彩、特征等方面都具有神话特色。

据《山海经·西山经》记载，源于昆仑山的共有四条河：南流的河水、东南流的赤水、西南流的洋水、西流的黑水。而《海内西经》比更为古老的《西山经》多了两条：弱水和青水。但综合各种典籍，昆仑圣水最初只是四条，其颜色分别是白、赤、青、黑四种。

这些发源于昆仑神山的圣水，都具有特殊的神秘特性，最大的特征就是能够使人长生不老。

《山海经》中的圣水，除了发源于神山昆仑

的几条河流外，还有供太阳升空之前汲取热量的汤谷。所谓"汤谷"，是指太阳升起之处的大沟，里面装着奇热无比的液体。

在远古神话中，太阳每天早上要在汤谷中洗澡，并且汲取足够的热量，然后升起，在附近的太阳神树扶桑上歇息之后，才直上九天，开始一天的巡航。看来太阳也是需要"充电"的。

（三）《山海经》中的神树

《山海经》里的神树主要有扶桑、建木和若木。它们都是太阳树。

扶桑由两棵相互扶持的大桑树组成，是东方的太阳树。在《山海经》创造的神话世界中，十只金乌（三足乌鸦，太阳之灵）栖息在东海边汤谷的扶桑神树上。每日清晨，一只乌鸦载着太阳从东向西飞去。

建木是沟通天地人神的桥梁，伏羲、黄帝等众神都是通过这一神圣的梯子上下往来于人间天庭。建木位于天庭中央，当乌鸦载着太阳经过建木，建木的影子看不见了，这时正好是中午。

若木是若水的发源地，也是西方的太阳树。乌鸦载着太阳继续西飞，黄昏时分便停在若水边的若木之上。

因此，扶桑、建木、若木等神树的神性主要体现在两个方面：一是作为太阳升降之树，通常称作"太阳树"，反映了远古先民太阳崇拜的宗教信仰；二是作为神灵和巫师上天下地的工具和通道，通常称作"天梯"。

太阳通过神树上升和下落，从文字构造上也可以得到证明。甲骨文里，表示早晨与东方的"朝""東""杲（gǎo）"等字和表示西方和傍晚的"杳（yǎo）""莫（暮）"等字都与"日"和"木"相关，表示太阳在扶桑之上或者太阳落下若木。杲，则更加明显地表示"日在木上"，有日出明亮之意；杳，则是"日在木下"，有天色昏暗之意。

《山海经》中的神树还有甘木、桃等。

《山海经·大荒南经》中说："有不死之国，阿姓，甘木是食。"甘木就是不死树，不死树上有不死的灵药。而这不死之药正是《海内西经》中巫彭等神医手里的仙药。

《山海经·海外北经》中说："夸父与日逐走，……未至，道渴而死。弃其杖，化为邓林。"这是《夸父逐日》神话的详细记载。后人说夸父山北面方圆有三百里的桃林，就是夸父手中拐杖化成的。这表现出先民的桃树信仰：成片的桃林在地下盘根错节、如饥似渴地吸收大地的水分，分明就是夸父化作的精灵在实现自己的愿望。

吃了仙桃可以延年益寿，甚至能长生不老。所以《西游记》中王母娘娘的蟠桃会要吃仙桃，孙悟空由于偷吃了桃子还惹了很大的麻烦。

后人将桃木、桃枝视为避邪之物，用桃木制成很多饰物戴在身上，也可制成桃符，甚至可直接从桃树上掰下一节桃枝带在身上用来避邪。

三、山水神话对园林的影响

在中国悠久的历史上，在以《山海经》为首的众多古籍中流传着盘古开天辟地、女娲补天、大禹治水等众多神话传说，这些神话充分反映了先民们无穷的想象力和创造力，深刻地影响了中华民族传统文化和艺术。

神话传说源自先民的集体创作，纵观这些故事可以发现，里面充满了先民们对美好家园的幻想。

在蛮荒时代，与凶猛的野兽相伴，在恶劣的自然条件下求生存，人们渴望的是一个温暖安定、衣食无忧的居所。后来，随着生产力的提高，人们没有了生存压力，渴求的则是一个更加美丽温馨的家园。

园林作为一种艺术形式，自然也不可避免地从神话传说中得到许多启发、挖掘大量素材来进行创作。

同时，相比其他艺术形式，园林有它特殊的实体表现形式。除了体现精神内涵之外，作为一个实体空间，在园林中可以直接塑造神仙的形象，再现神话的场景，这反过来又促进了神话的创作和流传。

在中国古代神话中，把黄帝居住的"玄圃"和西王母居住的"瑶池"，都描绘成景色优美的花园，它们都是原始园林的象征。

园林，就是一处营造在大地上的人间天堂，是人类最理想的生活与游憩场所。

与拥有完整体系的西方神话不同，由于幅员辽阔的古代中国涵盖了多个文明启蒙地，中国古代神话也就具有零散、繁杂的特点；并且随着历史的发展，不同宗教对神话的补充，神话自身也在不断发展和完善。

因此，不同地区、不同时代的园林也就从神话中汲取了不同的营养，却又有其相通之处，这在园林营造模式上典型地表现为"山环水绕"昆仑模式、"一池三山"蓬莱模式、"壶中天地"葫芦模式等的继承和交融。

第二讲　山环水绕：
　　　昆仑神话衍生的园林模式

昆仑神话是描绘黄帝的人间都城"昆仑山"的传说，

它构成了"一池一山、山环水绕"的园林山水格局，

"山环水绕"是中国古典园林中最原始的山水模式。

一、中国第一神山"昆仑神话"

由于生产力水平的限制，上古人类对自然界的许多事物都怀着敬畏的心理，这就导致了他们对自然的崇拜，而在众多的自然崇拜中，山岳崇拜是最基本、最普遍的几种崇拜之一。"高山仰止，景行行止"❶，就是这种山岳崇拜的心理表现。

同时，水是人类生存中最重要的物质因素。水泽在古人心目中往往是祖先神的象征，古人对水及水神有着与对山岳相似的崇拜。

而具有神性的水与具有神性的山又总是有着密切的联系，其中最具代表性的就是无上崇高的昆仑山。

无论是在上古神话中，还是在道教神仙传说中，昆仑山都被描述成可望而不可即的神山仙境。

昆仑神话历史久远，是上古时期西北高原地区人们生活和宇宙观念的反映。

《山海经》《淮南子》《穆天子传》等古代典籍中有大量昆仑山的神话传说，详细地记录了作为天帝下都的昆仑山的情形。天帝指的就是黄帝，昆仑山是黄帝与众神居住的神国仙界，其山水模式的基本特征是一水（弱水）环一山（昆仑山）的形式。

昆仑山是天上众神在地上的"下都"，也就是神仙在凡间的宫苑，是连接天上和人间的天柱，有天门通向天上。镇守昆仑山的是一个虎身九尾、人面虎爪的神，名叫陆吾；把守天门的是九头人面、类似老虎的开明兽。

登了昆仑，入了天门，并不意味着就永生，因为在昆仑山之上，还有三重秘境，分别是凉风之山、玄圃以及天界。进入每一层都有着不同的境界：如果登上凉风之山，就可以灵魂不灭、长生不死；登上玄圃，就可以得到神通，能够呼风唤雨；而最终登上天界，便可成为如"天帝"一般永恒存在的神灵！

昆仑山上聚集了许多神奇的飞禽走兽和神树，比如有形状像羊、头上生了四只角的食人兽，名叫土蝼（lǒu）；有飞来飞去专为神仙做各

❶ 出自《诗经·小雅·车辖》。高山，喻高尚的德行；景行，大路，比喻行为正大光明。本句大致的意思是赞颂品行才像高山一样，要人仰视，而让人不禁按照他的举止作为行为准则。

种事情的神鸟，名叫鹓；有形似棠梨、黄花红果、果实味道像李子但无核的神树——沙棠，人吃了它的果实不会溺水。

在昆仑北面的玉山，住着掌管不死仙药的西王母。昆仑神话里的西王母可不像《西游记》里慈眉善目的王母娘娘，她原本是外形像人，但长着老虎牙齿和豹子尾巴，而且喜欢吼叫的怪物，蓬松的头发上戴着玉制的装饰，是掌管天灾、瘟疫、刑罚、杀戮的神。

在西王母居住的玉山以西250里的地方，有一座三危之山，上面有三只青鸟每天为西王母觅取食物、传递信息。传说西王母驾临前，总有青鸟先来报信，因此在文学上，青鸟被当作传递信息的使者，到后来更将它视为传递幸福佳音的使者。

二、"山环水绕"园林模式的形成

（一）"山环水绕"园林模式的特点

昆仑山这一神话景观的最大特征是高不可攀，据说高达一万一千里。此外，昆仑山还有山崖陡峭、深渊环绕的特点。

后来，昆仑神话尤其是昆仑神话系统中的西王母神话随着社会的发展几经变迁，但是昆仑神话所发生的环境始终离不开"山环水绕"这种景观模式，并且"高峻"始终是昆仑山的显著特色，昆仑在中国文化中扮演着与天地相通的重要角色。

在所有昆仑神话传说中，昆仑山是一座神山，上面住着神仙，而昆仑山也是一座孤山，因为周围有弱水环绕，将其同外界相阻隔，只有神仙的"专车"才能到达。这是古人对仙境的一种理想，而山水环境又是这一理想仙境的重要组成部分。

这个以黄帝为首、神国仙界的神话传说，本来是为了描绘仙境的景色，却构成了"一池一山、山环水绕"的园林格局，成为一个最原始的园林山水模式。

这种山、水结合的园林模式所具有的神性，长久地存在于先民的思想观念中，甚至直到后世的历朝历代，都对当时的园林营造有着重要的指导意义。

（二）"山环水绕"园林模式的营造

"山环水绕"园林模式不仅体现在对仙境的构想上，也体现在园林营造上。

选址是造园的第一步，山清水秀的环境是最佳的造园地点。

明代著名造园家文震亨在《长物志·室庐》中，对各种园林基地作了分析比较和排列，他说："居山水间者为上，村居次之，郊居又次之"，将山水地评为第一等。

同时代的造园家计成也完全赞同上述观点，他在《园冶·相地》中写道："园地惟山林最胜，有高有凹，有曲有深，有峻而悬，有平而坦，自成天然之趣，不烦人事之工。"

自然山林高低起伏的地形和芳草杂树、小鸟小兽等动植物对塑造园林景色极为有利，只要稍加改造，就可以自成天然之趣。

要是园林滨江、临湖而建，那么浩渺的水面也正是造园的绝佳条件。正如计成所说的："江干湖畔，深柳疏芦之际，略成小筑，足征大观也。"

只要看看留存至今的古典园林，凡是处在山林或江湖环境中的，几乎都将山水作为着重描绘的主题，它们的景色也比其他园林有更浓郁的山野趣味。

在我国历史文化名城的郊野山水风景地带，如杭州西湖，扬州瘦西湖及蜀岗，镇江南山，无锡惠山及太湖之滨，苏州石湖及灵岩、天平山等地，自古至今都是园林荟萃之地。

北京西北郊的昆明湖、玉泉山一带，从元代和明代开始，就集中了许多园林，到清代中叶，除了所谓"三山五园"等大型山水宫苑之外，仅是私家园林便有35座。之所以会如此集中，主要是因为那里有山有水，能造出好景来。

山水风景地并非一定要去郊外寻觅，如果城中有山有水，则更是营建园林的好地方。

例如，江南名城常熟的虞山，"十里青山半入城"，山中清涧奇石、绝壁危峰俱全，自古就是造园的胜地。据史书记载，南朝梁昭明太子萧统当年就选中了这块城中山林地建造"读书台"，作为他选编《文选》的阅读研究之地，后来这里就成了一个以古遗迹和山林景色著称的园林。

三、昆仑神话对园林的其他影响

（一）修筑台、榭等高大建筑

除了"山环水绕"模式外，昆仑神话对园林的第二个影响是在园林中，尤其是早期园林中"台"的出现。

"台"是用土堆筑而成的高平的建筑物，它的用处是登高以观天象、通神灵。

昆仑山山势雄伟，高耸入云，被古人设想为天神在人间居住的地方，是一座神山，但如前文所说，神山往往是难以企及的。因此，统治者就只能模拟神山，筑台登高，以便和天上的神灵沟通。

秦汉及其以前，帝王筑台之风极其兴盛，传说中的帝尧、帝舜、夏启都曾修筑高台以通神灵。殷纣王建鹿台"七年而成，其大三里，高千尺，临望云雨"。周代的天子、诸侯也纷纷建台，其中如周文王的灵台、周灵王的昆昭之台、楚灵王的章华台、吴王夫差的姑苏台等都是历史上有名的"台"。

"台"上建造的房屋叫作"榭"，除了通神之外，还可以登高远眺，观赏风景。榭建成后，台的观赏游览功能逐渐上升，并逐渐与园林相结合，成为宫苑里面的主要建筑物。

秦汉时期，这种风气依然长盛不衰。汉武帝在建章宫所建的通天台，也是受了昆仑神话的启发，希望以台体的高峻达到通天的效果。

秦汉之后，园林中便很难见到人工堆砌的高台，取而代之的是假山、楼阁这些象征性的符号。这是什么原因呢？

这是因为，秦汉之后的中国首都已经不再是一个贵族领地的核心，而是统治整个中国（至少是半个中国）的政治经济军事基地，皇帝不可能靠少数私人卫士控制天下，因此，修建护卫城市的城墙就成了更重要的事情，足够坚固的城墙承担了大多数防御和防洪任务。

由于凿井、运河、运输技术的进步，首都可以远离自然河流得到供水，洪水概率很低，高台建筑不再有实际的使用价值；同时，随着木结构建筑技术的成熟，楼阁也能建得足够高大，也能营造神圣感，因此，高台建筑就逐渐退出历史舞台了。

（二）模拟"仙境"造园林

模拟昆仑山"下都"的琼楼玉宇，是古代宫苑营建的又一传统，也是昆仑神话对园林的第三个影响。

据说，夏代最后一任君主桀和商代最后一任君主纣，都曾以极大的热忱复制过昆仑山中的"倾宫""璇室"❶，以致耗尽国力。

昆仑山中的玄圃更是古代帝王园林所模仿的范本，有时甚至常常直接以"玄圃"来冠名。

例如，据《旧唐书·太宗本纪下》记载：贞观十一年（637年）七月，洛阳水灾，唐太宗李世民将洛阳的明德宫及飞山宫的玄圃院用来救济灾民，这里的玄圃院便是以"玄圃"命名的宫殿建筑。

又如，《西湖游览志》卷十七《南山分脉城内胜迹·道院》"宗阳宫"条下记载："有……丹丘、玄圃等亭。"《西湖游览志》虽创作于明代，但所记载的多是宋代杭州的湖山胜迹。这里的宗阳宫修于南宋咸淳四年（1268年），里面便筑有玄圃亭。

历史上最有名的"玄圃"，当属南朝"玄圃园"。该园始建于南朝齐武帝永明时期，陈朝末年被毁。经考证，其位置大约在今南京市珠江路河道以南的桃源新村一带。园内山、水、建筑、动植物繁多，景色精美。

从南齐文惠太子萧长懋到南梁昭明太子萧统，玄圃园实现了由极尽奢华、纵情声色的游乐园，到陶冶情操、治学树业的文人园的转变与升华。

在玄圃园内，萧统与文人雅士们一起编纂了彪炳史册的《文选》，从而使得玄圃园也得以百世流芳。

---

❶ 据文献考证，"倾"亦作"琼"，"旋"亦作"璇"，"琼"和"璇"都是玉的美称，这里是用玉来形容宫室、楼台之美轮美奂。

第三讲 一池三山：
蓬莱神话衍生的园林模式

蓬莱神话中出现的东海上蓬莱、方丈、瀛洲三座仙山，

发展衍生为"一池三山"的典型园林山水格局和模式，

"一池三山"确立了中国古典园林中复杂的山水体系。

一、中国古代的仙境体系与访仙活动

要了解蓬莱神话故事，就不能不提到"仙境"这个概念。

"仙境"的观念早在道教诞生之前就存在，虽然道教产生后在吸收"仙境"传说基础上，形成了宗教色彩更加浓厚的神仙境界理论，但"仙境"本身并非一个纯粹的宗教范畴。

"仙境"是中国先民集体意识中和谐富裕、平和安乐生活的象征，是中国人理想生活的缩影，以及隐藏在他们心灵深处的一个美好梦想。所以，它体现得更多的是一种超越宗教意识的世俗愿望和理想。

根据现存古典文献资料的记载来看，在道教产生之前，关于"仙境"的描述有两大系统：西部的昆仑神话系统和东部的蓬莱神话系统。

昆仑神话我们在前面已经有详细的论述。昆仑神话发源于中国西部高原地区，随着东、西部地区联系的增多，昆仑神话逐渐在中原各国流传开来，并被古人根据东部的地理环境加以利用和改造，从而创立了另一种神话系统——蓬莱神话。

关于蓬莱神话最早的较为详细的描述出现在《史记》中。据《史记》记载：在东方海边燕、齐（即今河北、山东）一带的海上有三座仙山：蓬莱、方丈和瀛洲。那儿有仙人居住，但却可遇而不可求。

关于蓬莱仙山的传说也记载于《列子·汤问》中，不过，书中将"三仙山说"发展为"五仙山说"，即岱舆、员峤、方壶、瀛洲和蓬莱，并以"归墟"来统一命名。

《史记》和《列子》中记载的仙山可以视为一个系统，它们有许多共同特征：①位置相同：都处于古代东方海边燕齐一带的海上；②由几个仙岛组成，名称相同。只是"归墟"的传说里多了岱舆和员峤二山。但书中随后也说二仙山"流于北极，沉于大海"；③景象相似：仙人居住的仙山都是由黄金、白玉建造而成，飞禽走兽都是纯白色的；④仙山都可遇而不可求，凡人无法达到。

虽然海上仙山凡人无法企及，但是先秦至秦汉时期的帝王们并没有因此而停止"访仙"的步伐。在他们看来，寻得仙山，求得仙药，既是他们作为一国之主的特权，更是他们永远延续"帝王梦"的途径。

据《史记·封禅书》记载，战国时期，受蓬莱、方丈、瀛洲三仙山传说的诱惑，齐威王、齐宣王、燕昭王都曾派人入海寻访"仙境"，但都无功而返。

秦始皇统一天下后，也多次派人访求仙药。公元前219年，即统一中国后的第三年，秦始皇派方士徐福带领童男童女数千人，入海求仙，却一去不复返，但秦始皇求仙之梦并未完结。据《史记》记载，他临死那年，还登上了会稽山，找寻海中三仙山的仙药。

汉武帝对寻访仙山仙药的狂热，比起前代帝王来有过之而无不及。在李少君、谬忌、少翁、奕大、公孙卿等方士的蛊惑下，汉武帝劳民伤财，多次到泰山封禅，到东海、渤海祭祀，但这些访仙活动最后都无果而终。

二、"一池三山"园林模式的出现

受到蓬莱神话的影响，园林山水模式也逐渐发生了转变，由高峻巍峨的"一山一水，山环水绕"转变为宽广辽阔的"海中三仙山"，即"一池三山"。

蓬莱神话在很多地方都沿袭着昆仑神话，比如蓬莱、方丈、瀛洲三座仙山瑰丽奇异的传说，而不同于昆仑神话的关键之处，在于海在仙境中的重要地位。

蓬莱神话盛行于战国时期的燕、齐等地，这是昆仑神话东传之后，与燕、齐临海的地理特征，以及当地人的宇宙观念相互融合的结果。

蓬莱神话新的面目对秦始皇具有极大的吸引力，所以他统一六国后不惜投入巨额人力物力去海中求仙。

发生这种转变的原因很多，比如蓬莱神话比昆仑神话包含了更多的享乐成分等等，但是反映在宇宙观中，更根本的原因在于，相对于山的高大耸立，海在空间上无边无际的特点，更适合空前统一的大帝国的需要。

秦始皇曾多次巡游天下，都以到达海边为高潮，而不是登山，由此可见，当时蓬莱神话在秦朝人心目中比陈旧的昆仑神话地位更为重要。

经过战国、秦朝至汉武帝时期的长期发展，蓬莱神话在园林中逐渐确立起自己的地位。园林也从对神的重视转向对人，以及对人的行为的重视，出现了"仙"，即"山里人"。与"神"不同的是：仙与人更为接近。

蓬莱神话取代了昆仑神话，促使人工模拟的仙境大量出现，蓬莱神话已不再是一种宇宙观念，而是一种理想和谐、长生不老的居住环境。

三、"一池三山"园林模式的意义

"一池三山"的格局对园林最直接的影响在于：水体在园林景观中的地位大大提高，使它成为与山体、建筑三足鼎立的基本要素之一，使后世园林艺术进一步将这三者融合起来成为可能。

在秦代以前，土筑高台一直居于所有园林中的主导地位，而水体则相对次要得多，因而体量巨大的高台，以及建在它上面的宫室，自然是园林中最重要的景观。

为了增加园林的艺术效果，人们就必须增建更多、更高的台。众多高台建筑聚集在一起，使整个宫苑群犹如一座降临尘世的大舞台，呈现出威严壮观的气势。

而秦汉时期的宫苑，虽然保留了秦代之前宫苑的某些传统，建有相当数量的高台，然而不容忽视的是，以模仿海中三山为契机，极大地提高了水体在园林中的地位。

蓬莱神话在园林中地位的确立，对于中国古典园林的发展具有显著意义。

首先，建立了完整的主次水体。主、次水体之间有明确的呼应关系，并且数量众多、相互映衬；而水面形态、大小千差万别的水体，穿插于庞大的宫苑建筑和山体之间，大大开拓了园林的艺术空间，开始改变了以往园林恢宏威严的风格，形成高低错落、起伏有致、疏密相间的和谐韵律。

其次，为充满艺术变化的复杂山水体系的确立奠定了基础。山体与水体之间的关系由过去长期的"一水环一山、一池环一台"变为"一池缀三山、一湖缀三岛"。这为园林艺术的极大丰富和发展提供了空间条件。

再次，建立了以水体为纽带的山、水、建筑的组合关系。在以往单纯以山或高台建筑为核心，以道路和建筑为纽带的园林形式中，加入了以水体为核心和纽带的新格局，这不仅大大丰富了园林的艺术手段，促进山、水、建筑及植物景观之间更复杂的穿插、渗透、映衬等组合关系的出现和发展，而且使得中国古典园林最终形成一种流畅、柔美、自然、雅致的造园风格。

四、园林中的"蓬莱"意象与传承

仙山难觅，仙人难遇，仙药难求，汉武帝只好在建章宫北面的太液池中，修筑蓬莱、方丈、瀛洲等仙岛，聊以自慰。

太液池的一池三岛布置主要依据秦汉时期方士所描述的东海之中的仙境：庞大的宫殿建筑组群象征着仙界的琼楼玉宇。

宫中的神明台则是武帝迎候神仙的地方。高耸的台榭内外雕镂绘制着云纹、珍禽异兽以及仙人的图像，陈列着祭祀物品。台榭周围环列着十二尊巨大的铜铸仙人塑像，张开双掌托捧着铜盘玉杯。据方士们说，这是用来承接天上降落的甘露，取来和玉屑一起服用就能成仙飞升。

虽然这种海岛仙山只是一种传说，但对园林布局来说，却是一种很好的形式。它使空旷平淡的水面产生了变化，使景观层次显得丰富；在岛上观赏水面景色，四周碧波环绕，令人产生远离世俗、飘飘欲仙的感觉。

尽管仙人仙药不过是一种虚构，然而蓬莱仙岛式的布局，却受到历代造园者的喜爱而沿用不衰。

后世采用"一池三山"布局的宫苑包括：北齐邺城仙都苑大海，北魏和南朝时期华林园天渊池，隋唐时期的长安后苑、洛阳东都宫九洲池、洛阳西苑，宋代艮岳，元明太液池，清代圆明园福海、颐和园昆明湖、避暑山庄"芝径云堤"等，都是蓬莱模式的发展。

第四讲 壶中天地：
葫芦神话衍生的园林模式

由葫芦文化演变而来的"壶中天地"观念影响深远，
它成为理想境界的代称，并被运用到园林创作当中，
"壶中天地"被用来形容"以小见大"的造园方式。

一、葫芦崇拜与葫芦神话

"葫芦娃，葫芦娃，一根藤上七朵花，风吹雨打，都不怕，啦啦啦啦。"动画片《葫芦兄弟》中，七个葫芦娃个个神通广大，最终合体战胜了蛇妖。

这个动画片曾经风靡中国大陆，是"80后""90后"乃至"00后"不可磨灭的记忆。

葫芦在中国吉祥文化中，是吉祥物的典型代表。而它之所以能在其中占有重要的一席之地，与其特有的实用性和由此引发的葫芦崇拜是分不开的。

葫芦原产于非洲及印度南方，中国的葫芦是从印度传入的。

在植物学分类上，葫芦隶属于葫芦科葫芦属，是一年生攀援草本，我国栽培1种及3变种，即葫芦（原变种，多呈哑铃状）、瓠（hù）子（变种，呈圆柱状）、小葫芦（变种，呈扁圆球形）和瓠瓜（变种，形状多样）。

在《诗经》中，葫芦有多种叫法："匏（páo）""瓠""壶""甘瓠"等。瓠就是用来当菜吃的瓠瓜，细而长，犹如丝瓜；匏就是农家作水瓢用的瓢葫芦；壶就是扁圆葫芦。

凡是有葫芦这种植物分布的地方，都会出现葫芦造人的神话故事。

最早关于葫芦造人的神话是印度史诗《罗摩衍那》第一篇第十七章里记载的："耶摩麻呢虎般的人，生出来一个大葫芦，人们把葫芦一打破，六万个儿子从里面跳出。"

我国汉族典籍《独异志》中记载：人类的始祖伏羲、女娲兄妹是从昆仑山（葫芦）中诞生的。

彝族创世史诗《梅葛》中说：天神发洪水换人种，幸存于世的兄妹俩尊天神旨意，成亲后生下一个葫芦，从中出来了汉、彝、苗、藏等9个民族。

土家族传说，远古洪水泛滥，绝灭了人类。天帝命伏羲、女娲兄妹坐葫芦下凡。二人成亲后生下血团，剪成18块，繁衍为今土家族18姓人家。

海南岛黎族传说，黎、汉民族是由葫芦里出来的兄妹俩相配所生子女的后裔。

贵州水族传说，葫芦是由伏羲、女娲兄妹首次栽培出来的，由此繁衍出人类。

从以上文献和神话中可以看出一个共同点：葫芦象征孕育人类的母体。

闻一多先生经过考证指出："在中国的西南诸少数民族中，乃至域外，东及中国台湾，西及越南与印度中部，都流传着一种兄妹配偶型的洪水遗民再造人类的故事"，而"葫芦则正做了造人故事的核心。"

他还从文字和语言学的角度，进一步考证出，人类的始祖伏羲（又叫包牺）和女娲两个名称实际上是由葫芦演化而来的。这是因为前者的语音与"匏"类似，而后者的"娲"在古代读作"瓜"。因此他认为："伏羲与女娲，名虽有二，义实只一。二人本皆谓葫芦的化身，所不同者，仅性别而已。"

"葫芦神话"的广泛流传与人们对葫芦的崇拜密不可分，而这种崇拜又主要源于葫芦自身的多功能性：

葫芦的藤蔓细长，"蔓"与"万"谐音，每个成熟的葫芦里葫芦籽众多，让人联想到"子孙万代，家族兴旺"。

葫芦谐音"护禄""福禄"，加上本身形态各异，造型优美，无须人工雕琢就会给人以喜气祥和的美感，古人认为它可以用来驱灾辟邪、祈求幸福。

亚腰葫芦在外形上看由两个球体组成，象征和谐美满，寓意夫妻互敬互爱。

葫芦还具有除病消灾的寓意，只需挂在病人的床尾或身旁，就可以吸取病人身上的病气，使其快速好起来；如果是健康人，则可以吸取人身上的晦气，提升运势；葫芦挂在大门外，则有保全屋内人平安的作用。

因此，千百年来，葫芦作为一种吉祥物和观赏品，一直受到人们的喜爱和珍藏。众多的寺庙、道观、亭塔都常在屋脊或屋顶上放置瓷质或陶制的葫芦。园林中门洞、花窗、铺地中的瓶状图案，要么直接是葫芦形，要么由葫芦演化而来，都有上面提到的多种吉祥寓意。

二、道教"壶天"观念的产生

葫芦文化在发展过程中不断得以延伸，最后不但明确转化为"壶"，而且具有"天地"的意思，又成为仙人所居之地。《礼记·郊特牲》里说："器用陶匏，以象天地之性也。""匏"是葫芦的古字之一，"陶匏"就是"陶制的葫芦形器皿"。

道教信奉的壶形宇宙观由来已久。在我国，最早描写古人信仰的壶形宇宙观，是《山海经》里的钟山，它是一座壶形之山。汉代墓中出土的古酒器，就是壶形，而且名叫"钟"，因此可以说，"钟"就是"壶"。

魏晋南北朝时期，由于道教的发展，壶形宇宙观在中国大为盛行。有人甚至认为海中三仙山也呈壶形。

在道教典籍里，圆形而中空的葫芦被视作一个小宇宙——"壶天"。

东晋道教思想家葛洪《神仙传·壶公》中记载了仙人费长房的故事。这一故事提到，某个集市上有一位卖药的老翁，罢市之后都会跳入一个壶中。后来，老翁也邀请费长房共同跳入此壶。入壶后，费长房只看到一个"仙宫世界"，里面有"楼、观、重门、阁道"。

唐代中后期，政局的变幻和党争的加剧，导致文人对政治的避离以及对"壶天"境界的追求。以白居易为代表，以东都洛阳为中心，以诗酒唱和、园林营构为主要内容，文人们在"壶天"中过起了适意的吏隐生活。"壶天"观念（即壶中别有天地）成为一套完整的宇宙体系，是大宇宙所内含的另一个完全同构的小宇宙，其中一切"如世间"。

北宋张君房《云笈七签》中说，孔子有一个弟子，名叫施存，是鲁国人，他学习大丹之道三百年，只学会了变化之术。他后来遇到一个叫作张申的人，身上经常挂着一只五升容量的壶，壶中有日月天地，犹如人世间。因此，施存夜晚住在此壶中，自号"壶天"，世人则叫他"壶公"，他最终在壶中得道成仙。

后来，人们就以"壶中天地、壶中天、壶天、壶中地、壶中景、壶中境、仙壶"等指道家所说的仙境。

三、"壶中天地"的园林模式

"壶中天地"的观念影响极其深远，它成为理想境界的代称，并被运用到园林创作当中，尤其是私家园林的创作中。

"壶"首次与园林相关是在南北朝庾信的《小园赋》中。此赋一开始就说"一壶之中，壶公有容身之地"，后文则记载了庾信描述的小园生活。"壶"于是逐渐开始不再仅指神仙世界，还包含幽居之所的含义。

唐代，很多诗人在诗中描写了壶中天地。如元稹的《幽栖》："壶中天地乾坤外，梦里身名旦暮间。"李商隐的《赠白道者》："壶中若是有天地，又向壶中伤别离。"李白的《赠饶阳张司户燧》："蹉跎人间世，寥落壶中天。"

在这些语境中，"壶天"多与"人间世"相对，暗含理想的隐居地之意。因此，这一词语逐渐被用于代指文人幽居的园林。白居易在《酬吴七见寄》中就写道："竹药闭深院，琴尊开小轩。谁知市南地，转作壶中天。"诗中的"壶中天"就是指园林。

在园林思想中，"壶天"观念可以表现为，在封闭的方寸之地营造微缩景观，以象征其所对应的人间美景。

后来，"壶天"观念直接被用来形容"以小见大"的造园方式。

园林从秦汉发展到南北朝之后，园林规模就有从宏大变为精小的趋势，私家园林从汉代的恢宏变为这一时期的小巧，意味着园林内容从粗放到精致的飞跃，造园的创作方法从单纯写实，发展为写意与写实相结合的过渡，其中包含着老庄哲理、佛道精义、六朝风流、诗文趣味影响浸润的结果。

到了唐朝中期以后，这种趋势更是如星火燎原之势蔓延开来。造园者们力图在有限的"壶中天地"内，创造出丰富的艺术变化，园子虽小，而各种景色具备：百步之内，假山流水、亭台楼阁、花草树木，应有尽有。

在小小的空间中构建起完备的空间体系，力求小中见大。其背后反映出的是士人"隐居"心态的变化。

古代的所谓"隐居"，本意是指有条件做官而不肯做，躲进深山老林，以求心灵的自由，不受体制的束缚，比如先秦时期的伯夷、叔齐❶。从东晋的陶渊明开始，又有一条隐于老家田园的新路径——陶式隐居比较容易推广。

此前还有一位情形非常特别的隐士——西汉的东方朔。他隐于金马门，人在朝廷之内，也有一官半职，但心态却是隐士，以开玩笑的办法对付一应公事。

总之，过去的隐居有两大模式："小隐"隐于野，"大隐"隐于朝。

唐代又出现了一种更新的模式，这就是白居易大力鼓吹的"中隐"：既非在野，也非在朝，而是隐于某种闲散的官位，不必干多少公务，却有不菲的薪俸，可以大享清福。白居易在《中隐》一诗中写道："大隐住朝市，小隐入丘樊。丘樊太冷落，朝市太嚣喧。不如作中隐，隐在留司官。似出复似处，非忙亦非闲。不劳心与力，又免饥与寒。终岁无公事，随月有俸钱……人生处一世，其道难两全。贱即苦冻馁，贵则多忧患。惟此中隐士，致身吉且安。穷通与丰约，正在四者间。"

所谓"留司官"，是唐朝的一种闲职，常住东都洛阳，算是中央一级的官员，而实属二线，没有多少事情，而拿钱又不少。

在世事的衰落和专制集权的残酷压迫下，白居易的中隐之道不失为两全其美的处世方法，既可以享受俸禄获得生存的保障，又能得到闲适的环境放纵情怀。在城里找个不近不远的地方，筑官邸，建园林。下朝回来，一头扎进这个世外桃源，或品茗，或饮酒，或咏诗，或会友，以此来消磨时光。

自春秋战国开始，一千多年里中国文人无法解决的"做官"与"归隐"的矛盾，到白居易这里给出了一个完美的解决方式。也是从他开始，园林具有了实用的属性。因此，中隐之道在唐朝中后期蔚然成风。

园林主人们不仅将"壶中天地"作为园林空间营造的原则，甚至将园林中的某些景点都以壶天来命名，以此来表明志向，表达一种出世的逍遥心态。如明代文学家、史学家王世贞在自己的园林中建"壶公楼"；又如明代官员潘允端在《豫

---

❶ 三千多年前的商朝，在今唐山地区建有孤竹国。伯夷和叔齐是孤竹君的两位王子，伯夷为长子，叔齐是三子。孤竹君年老了，准备立三子叔齐为继承人，不过兄弟二人情谊很深，叔齐让位给伯夷。伯夷很是感激弟弟为自己所作的一切，但是他怎么能忍心夺弟弟的位置呢？于是他借口说父命难违，并且逃走了，而叔齐也不愿意当国君，于是他也逃走了，并且找到兄长一起隐居在山野里面，他们缺少食物，只能靠野菜充饥，最后都被饿死在首阳山。

园记》里说：豫园入园处"竖一小坊，曰'人境壶天'"；有些园林更以"小方壶""小有天"等作为景点名称。

今天的游人在北京北海琼华岛的北坡，可以看到题额为"一壶天地"的亭子；在扬州个园可以见到园中主体建筑抱山楼上悬挂的"壶天自春"匾额，楼下廊壁上镶嵌着刘凤诰《个园记》，对这个"壶中"景色做了详细的描述："……曲廊邃宇，周以虚栏，敞以层楼，叠石为小山，通泉为平池，绿梦袅烟而依回……以其目营心构之所得，不出户而壶天自春。"

第五讲 嫦娥奔月：
月亮神话对园林的影响

由嫦娥奔月神话而逐步发展演变而成的"月亮文化"，

促进了古典园林中月洞门、赏月楼（台、亭）的建立，

还有大量以"月亮神话"为题材的园林建筑与装饰等。

一、嫦娥与后羿故事的演变

在中国神话中，嫦娥奔月、玉兔捣药、吴刚伐桂，都是人们耳熟能详的关于月亮的神话传说。

提到月亮神话，就不能不提嫦娥，嫦娥在中国传统文化中被认为是月神。

嫦娥作为月中女神的传说，大约源于母系社会，女酋长常以"月"作为名字，死后被认为是到月中当神。将月作为图腾的部族，相信祖先出自月并归于月，对月倍加崇拜，因而创造了种种月亮神话。

据《山海经》《淮南子》等古籍记载，后羿是嫦娥的丈夫，擅于射箭，曾帮助尧帝射落了为害人间的九个太阳，只留下一个太阳，因此在民间流传有"后羿射日"的典故。

为了成仙，后羿从西王母那里求得了不死仙药，但却被嫦娥给偷吃了，她随后飞到了月亮之上，成为月宫仙子。后羿为此惆怅若失，惋惜再也无法得到长生药了。

这是"嫦娥奔月"神话的原型，里面没有提到嫦娥吞药的动机，后人主要从这方面加以发挥，并流传下来很多不同的版本，常见的有三种。

其一，后羿和嫦娥是夫妻。后羿向西王母求到了不死之药，但没有立刻服用。一天，后羿的徒弟逄（páng）蒙趁师父外出时，跑到后羿的家里，想抢走不死药。

嫦娥被逼无奈，情急之下只得自己吞下不死药。于是，她便成了仙，身体不由自主向上飘去，一直飞到了月宫之中。就这样，从前恩爱的夫妻自此天人永隔。

其二，后羿和嫦娥是夫妻。后羿向西王母求到了不死之药，但没有立刻服用。一天，趁后羿外出时，成仙心切的嫦娥偷偷地把后羿藏起来的不死药拿出来，一个人吞了下去。

于是，嫦娥成了仙，随即飞往了月宫之上。然而，悲催的事情发生了，抵达月宫之后，玉帝怪她背叛丈夫，将她变成了一只蟾蜍，就是癞蛤蟆，并让她捣药赎罪。所以，月宫也叫蟾宫❶。

其三，后羿和嫦娥是夫妻。后羿向西王母求到了不死之药，但没有立即服用。后羿这个人风流倜傥，到处拈花惹草。一天，他遇到了河伯的妻子洛神，被她的美貌所吸引。而洛神也对后羿一见钟情。两个人于是勾搭起来。

河伯得知自己被戴了绿帽子，非常恼火，变成龙身与后羿搏斗。谁知，被后羿一箭射瞎了眼睛，只得灰溜溜地逃跑了。后羿与洛神鬼混的消息也传到了嫦娥的耳中，她伤心、难过极了，绝望之下的嫦娥一心只想逃离这个家庭。

这时，她想到了那颗不死药，便把它吞了下去。于是，嫦娥成了仙，身体飞到了月宫之中，成了月神。

这三个不同的版本，故事的主题各不相同。第一个讲的是夫妻被迫分离的凄美爱情故事，第二个讲的是妻子背叛丈夫后遭到惩罚的故事，第三个讲的则是丈夫背叛妻子后妻子勇敢弃夫的故事。

嫦娥奔月神话流传到魏晋南北朝时期，出现了一个重要的成员——玉兔。从这一时期开始，人们不再对妇女抱有偏见，而是对嫦娥怀着深深的同情，于是将她与蟾蜍分开来，成为两个人物，一个在月宫从事高雅活动，一个捣药卖苦力。再后来，原为西王母神话中的玉兔，取代了蟾蜍捣药的工作。

到了唐代，"嫦娥奔月"神话的外延再次被扩大，人们又在月宫里加上了吴刚和桂树两个成员❷。与此同时，当时的文人们在歌咏嫦娥的时候总是抱着同情怜惜的感情和态度。

"嫦娥奔月"的神话故事流传到元明清时期，又有了新的特色。

第一，神话故事进一步被仙化，染上了浓重的道教色彩，嫦娥本人也变成了一个或一群仙女，而不是一个女神。这个特色具体地表现在明

---

❶ 传说月宫里的蟾蜍只有三条腿，叫三足金蟾，是吉祥之物，能张口吐钱，富熹财源兴旺、幸福美好。民间有"刘海戏金蟾，步步钓金钱"的传说。故事来源于道家的典故。常德城内丝瓜井里有一只金蟾，经常在夜里从井口吐出一道白光，直冲云霄，凡人乘此白光就可以得道成仙。住在井旁的青年刘海，家贫如洗，为人厚道，对母亲非常孝顺。他经常到附近的山里砍柴，卖柴买米，与母亲相依为命。一天，山中有只狐狸修炼成精，幻化成美丽俊俏的姑娘胡秀英，拦住刘海的去路，要求与他成亲。婚后，胡秀英想帮助刘海成仙，她口吐一颗白珍珠，给刘海做饵子，垂钓在丝瓜井中。那只金蟾咬住诱饵飞身而起，刘海乘势骑上蟾背，纵身一跃，羽化登仙而去。后人为纪念刘海行孝得道，在丝瓜井旁修建了蟾泉寺，供有刘海神像。

❷ "吴刚伐桂"的传说：相传古时候有个人叫吴刚，他因犯了过错被天帝惩罚到月宫里砍一棵桂树。这株神桂能自己愈合斧伤，因此吴刚在月宫常年伐桂，始终砍不倒这棵树。

清的一些关于嫦娥的小说中，其中以《西游记》最具有代表性。通过第八回、十九回和九十五回的叙述，我们可以获得这样一种理解：

月宫里不止嫦娥一个人，并且嫦娥不是一个人的独称，而是一群人的统称，可以把她们看作月宫里的服务员。

从《西游记》原著可以看出，猪八戒调戏的，不是1986年版电视剧中的月宫女神，而是一个服务员而已，月宫服务员统称为霓裳仙子或姮娥，也叫嫦娥。

在月宫中，还有一个更厉害的人，她才是月宫真正的领导——太阴星君。

说起这太阴星君呢，可就厉害了！在中国道教神话中，她被当作月神，俗称太阴娘娘。她不仅在中国道教中很厉害，在大乘佛教中也很厉害，名叫月光菩萨。天不怕地不怕的孙悟空在她面前也是毕恭毕敬。

第二，人们在普遍接受这个神话故事的同时，把它和民俗相结合，使得"奔月"不再是一个简单的神话故事，而具有了深厚的文化意味，成为"月亮文化"的重要组成部分。

正月十五元宵节吃汤圆的风俗，就是从嫦娥奔月的故事衍生出来的。嫦娥由最初的独居月宫到后来与后羿夫妻团圆，可见故事情节的变化之大。其实，这一传说，只是体现了人们对嫦娥寄予的美好愿望而已。

"嫦娥奔月"的神话能与民俗紧密结合，与古代对月亮的崇拜意识密切相关，而嫦娥本来就是月中仙子。古代天子有"拜月""祭月"的仪式，民间每年八月十五就是祭拜月神的日子，并逐渐发展成中秋节。

二、"月亮神话"对园林的影响

嫦娥奔月神话流传千年，早已深入人心，不但体现在文学作品和民俗民风中，并且对园林产生影响，如园林中月洞门、赏月楼（台、亭）的建立，还有大量以"月亮神话"为题材的建筑与装饰等。

（一）月洞门

在古典园林中，可以看到大量的圆月形门洞，称为月洞门。

月洞门的来源可以追溯到南陈后主时期。荒淫无度的后主陈叔宝为宠妃张丽华设计的月宫圆月门，开启了园林门洞设计的先河。

实际上，月亮圆的时间不长，长圆不变的是太阳，但中国人喜欢满月，满月在整个循环周期中代表完整或完美，佛教中的满月也是美好与安详的象征。

如今园林中的圆门都习惯叫作月洞门，大概就源于此了。

（二）赏月台（楼、亭）

由于月亮本身的皎洁美丽，又由于月亮神话的丰富多彩，使得人们在观赏它的时候能够引发无数的联想，因此，赏月成为古代上至帝王贵族，下到文人墨客生活中的一件雅事，为此，特地在园林中设有专门的赏月台、赏月楼或赏月亭。

据文献记载，专门在园林中设赏月台开始于汉武帝时期。武帝在建章宫中开凿了影娥池，池旁建了一座赏月台（又叫眺蟾台），用来观赏池中月影。很显然，这一做法深受嫦娥奔月神话的影响。

现存的古迹景点中依然有很多与赏月有关的园林景观。

例如，承德避暑山庄湖区的"月色江声"，是湖中的一个岛屿，北面是上湖，南面是下湖，因为离宫殿区比较近，皇帝时常在此读书休憩。景区的主体建筑是一座三进的院子，朴素无华，院中有很多松柏古木，夏天松荫遍地，非常幽静。每当皓月当空，月光倾洒，湖中碧波粼粼，湖水轻拍湖岸，此情此景，只可意会，无法言传。

又如，苏州怡园的主厅是三间单檐歇山顶的鸳鸯厅，厅内有道屏门将建筑隔成两个空间，北面的叫"藕香榭"，南面的叫"锄月轩"。锄月轩，取"自锄明月种梅花"之意。从陶渊明"带月荷锄归"开始，"锄月"一直用来描绘归隐之人绝迹山林的志向。园林建筑取名"锄月"，当然也是表明主人归隐田园的决心，然而另一方面，也反映了人们对月景的喜爱。

在江南文人私家园林中，临水的厅堂几乎都要建赏月台，作为夏日纳凉赏月之用。

赏月台临水，一来因其空间较开阔，树木遮挡少，看月看得真切；二来可以看月在水中的倒影，一真一假，一实一虚，上下争辉，更增添了景色的趣味。例如上海豫园的"得月楼"，楼前挂了"皓月千里"的匾额，每当皓月当空之时，登上此楼，俯视湖心亭、九曲桥上的月光，别有一番情趣。

有的临水亭榭中，为了赏月还要挂上一面大镜子，名镜借，如苏州网师园水池西面的"月到风来亭"。这样，除了天上月、水中月之外，又多了一个镜中月，人在亭中赏景，几乎处于"月"的包围之中。

（三）以月为题材的园林建筑与装饰

受到月亮神话的影响，园林中的某些建筑和装饰会以月为题材。

例如，颐和园昆明湖中南湖岛的平面略呈圆形，犹如满月，岛上建了望蟾阁、月波楼等，从这些建筑物的命名来看，显然是以表现月宫仙境为造景主题的。

又如，杭州西湖十景之一的"三潭印月"是著名的水上园林景观，以月夜里在小瀛洲岛上观赏月、塔、湖的相互映照、引发禅境思考和感悟为主题。

小瀛洲岛南湖面上有三座石塔鼎足而立，塔高2米，球形塔身中部镂空，开了5个小圆孔，有"明月映深潭，塔分三十二"的说法。

每当月圆之夜，塔里点上蜡烛，因为每座石塔有5个圆孔，三座塔就是15个，加上水中倒影就是30个，再加天上的明月及其水中的倒影，仿佛水天之间总共有32个圆形的月亮一样，月光、烛光、湖光交相辉映，景色十分迷人。

再如，上海豫园得月楼庭院东廊墙上有一块很出名的月宫砖刻，这块清代烧制的"广寒宫"砖刻，现在仍然保存完好。

砖刻为圆形，以象征"满月"，上面雕刻了嫦娥起舞、玉兔捣杵、吴刚伐桂、刘海戏蟾等月宫故事，形象生动，姿态逼真，线条流畅，刀法老练，既具有典型的上海商埠色彩，又反映了晚清砖刻工艺的水平和风格。

　　最为难得的是雕刻得精细，在画面中的月宫楹柱上，竟然悬挂了两副楹联，其中一联写景："新桂香涵金粟影，支机圆转玉梭声"。新桂就是新月，金粟就是金桂，既写了秋季的月景，又将影、声等园林虚景美妙地结合起来，点明了月宫图景之美。

百工圣祖：
鲁班传说对园林的影响

"鲁班文化"是中华优秀传统文化的重要组成部分，

体现了古代劳动人民的丰富智慧和进取、创新精神，

推动了中国传统造园理念、要素与技术的蓬勃发展。

一、从能工巧匠到百工圣祖

鲁班（公元前507～公元前444年），姬姓，公输氏，名班，人称公输盘、公输般、班输，尊称公输子，春秋时期鲁国人。

鲁班出身于世代工匠的家庭，从小就跟随家里人参加过许多土木建筑工程劳动，逐渐掌握了生产劳动的技能，积累了丰富的实践经验。

《墨子》一书可能是最早记载关于鲁班事迹的文献："公输子削竹、木以为鹊，成而飞之，三日不下"。这个木鹊相当了不起，能连飞3天不落地，简直是古代版的无人机了。

大约在公元前450年以后，鲁班从鲁国来到楚国，帮助楚国制造兵器。他曾创制云梯，准备攻打宋国，墨子不远千里，从鲁国走了十天十夜到楚国都城郢（yǐng），与鲁班和楚王相互辩难，最终说服楚王放弃攻宋。

鲁班，是华夏历史上一位伟大的发明家，是中国工匠的代表性人物。木工师傅们用的手工工具，如钻、刨子、铲子、曲尺，划线用的墨斗，据说都是鲁班发明的。而每一件工具的发明，都是鲁班在生产实践中得到启发，经过反复研究、试验出来的。

鲁班除了是个擅长发明创造的木工之外，他还是一位建筑师。魏晋刘琨的《扶风歌》中说："谁能刻镂此，公输与鲁班。……本自南山松，今为宫殿梁。"从这段诗文中就能够发现，鲁班也能够营建房屋楼宇。

于是，鲁班被后世百工行业（即手工行业）视作"祖师爷"，称为"百工圣祖"。

2400多年来，人们把古代劳动人民的集体创造和发明也都集中到他的身上。因此，有关他的发明和创造的故事，实际上是中国古代劳动人民发明创造的故事。

那么，鲁班又是如何变成民间信仰中的神的呢？

对于古人而言，他们所信奉的神明通常都是在历史上有迹可循的人物，或者是神话传说中的人物，鲁班就符合这个条件。

秦朝的《吕氏春秋》中有云："公输般，天下之巧工也。"从这里就能够看出古人对鲁班的修饰已经有了神化的成分。

到了北魏时期，鲁班已经是一个能够制造出神物的人了，因为在《水经注》中说他刻的石龟夏天入海，冬天则爬到山上；又说他在渭水岸上唤出水里的忖留神和他见面，并趁机用脚在沙上画下忖留神的神像，刻石为水标；还说他乘坐自己制作的木鸢，每天往来于敦煌和凉州之间等等。

唐宋以后，我国手工业有了进一步发展，各种手工业行会和行帮纷纷建立，它们有自己的"行规"，而且带有宗教的性质，各自供奉祖师，按时举行迎神、祭祀活动，借以巩固内部团结，增强本行势力。于是，鲁班被木、瓦、石工奉为祖师爷和保护神，建庙立祠。据《鲁班经》（明代关于木工营造法的著作）记载，明初在北京修建太和殿时，依靠鲁班祖师降灵指示，方获落成，于是匠人们建庙祭祀他。

那么为什么会偏偏选中鲁班呢？

在封建王朝统治时期，不同行业是存在着高低贵贱之分的，正所谓"士农工商"，工匠与商户是不被待见的，因此社会地位低下的行业从业者就渴望有一个高高在上的祖师爷，从而提升从业者的身份与地位。

尊鲁班为百工圣祖，就能够提高工匠行业的地位，凭借着鲁班在社会上的地位，也能够让工匠这个群体得到其他行业的尊重与认可。

在《周礼·考工记》中有着这样的记载："百工之事，皆圣人之作也。"可见，此时的手工业者所创造出来的作品是被社会认可并且买单的。正因为有了鲁班作为手工业者的保护神，身处这个行业的工匠也会想要提升自己的技艺，这样才能够得到同行业以及其他行业的认同。

而鲁班能够成为民间信仰中的神，也是因为自古以来就有着很多关于他的历史传说。

传说有一次鲁班上山干活，一不小心被带锯齿状的丝茅草划破了手指，于是他就发明了"锯"。又说鲁班发明"墨斗"是受其母亲缝制衣服的启发——用一个小粉末袋和一根线先印出所要裁制的形状再裁剪。

此外，古人也认为鲁班常常会显灵帮助那些遇到困难的工匠们解决问题。对于工匠行业而言，还是存在着一定的危险系数的，所以才会寻求鲁班的福泽庇佑。

古人将农历四月初二定为"鲁班节"，而六月十三日是"鲁班诞辰"。每逢这两个佳节，就会举办祭祀仪式，并且开怀畅饮，他们认为祭拜了鲁班之后，就能够保证在接下来的一年里都能够平安无事，这也是工匠们渴求的一种心理安慰。

二、鲁班传说与"鲁班文化"

由上可见，鲁班确实是历史上的真实人物，但关于他的事迹记载都带有明显的传奇色彩。尽管鲁班在古籍中都是只言片语、碎片化甚至是附带式的记载，但可以推断出关于他的传说在当时已经很普遍。从汉代以后到明清乃至近代，关于鲁班事迹的记载更加丰富详细，传说性质更加明显，并逐渐走向高潮，进而从传说中凝练出"鲁班文化"。

"鲁班文化"是我国古代劳动人民在科技和文化上的伟大创造，是古人对当时技术成就和精神特征的总结，是对其中一系列理论的总称。这些理论集中体现在古人关丁鲁班文化的专著《鲁班经》中。

鲁班文化的精神内涵，具体来说包括如下几个方面。

（一）持之以恒的精神

反映鲁班刻苦、好学、持之以恒的传说故事在民间流传很多，影响广泛。最为出名的是关于鲁班学艺的典故已被列为小学语文的教材内容，发挥了鲁班文化政治教育的价值。

鲁班虚心拜师的态度以及他学艺的决心得到老师傅的肯定和赞赏，从此开始了他的学艺生涯。在此期间，他勤奋、刻苦、坚持不懈，三年后学会了所有的手艺，成为各个时代拜师学艺者的榜样。

可以说，鲁班的一生都在不断提高自己的工艺水平，他的这种坚韧与执着一直影响着我们这个时代。

（二）精益求精的精神

关于鲁班注重质量、精益求精的民间传说和文献典籍也有很多。

传说古代房屋的上梁特别讲究，许多人都请鲁班上梁，他每次上梁前都在心里反复计算，有着严格的规范标准；他还非常注重细节，保证梁与梁之间拼得严严实实，不露丁点缝隙，一敲"嗡嗡"地响，榆木大梁浑然一体。

鲁班精益求精的精神还体现在为激励建筑企业加强工程质量，由中国建筑业协会颁发的中国建设工程鲁班奖（国家优质工程），简称"鲁班奖"。此奖是建筑业的最高荣誉，因此鲁班奖也成为建筑业质量至上的象征。

（三）不断创新的精神

鲁班的创新主要体现在其智与巧上，关于鲁班创新的典故在各个朝代的文献典籍中都有记载。

如东汉著名的学者和无神论者王充在《论衡·儒增篇》中记载的"刻木为鸢，以象鸢形"和对"审有机关，一飞遂翔，不可复下"的考证，可知鲁班运用木工的精巧技艺模仿鸟类飞行制造出载人飞行工具，这类传说并非完全是虚构的，并不是靠魔法仙术等超自然的神奇力量，而是含有很大的科学创新成分。

还有他发明创造的鲁班尺、刨子、锯子、石磨等都是技艺的革新与创造，都体现了鲁班勇于探索、敢于创新的精神。

（四）联系实际的精神

从鲁班的民间传说和史料记载来看，他作为最基层的手工匠，所有的发明创造都与劳动人民的实际生活紧密联系。

例如，鲁班为减少人力敷出，提高工程效率而发明的锛、凿、斧、锯等木工机械工具；为提高人民生活质量，而改进了门、窗、桌、床等生活用具。

他的创造和发明来源于劳动人民的生产生活，同时又服务于劳动人民的生产生活。在当时使人们从原始的、繁重的劳动中解放出来，有力地促进了社会生产力的发展，实现了技术与实用的统一。

三、"鲁班文化"对园林的影响

中国传统文化绚烂多彩,"鲁班文化"作为中国传统文化的一部分,体现了古代人民的智慧和积极进取、勇于创新的精神,对中国古典园林的发展具有积极的推动作用。

首先,鲁班的发明创造,促进了中国传统造园技术的发展。

鲁班的发明创造众多,其中锯、鲁班尺、钻、凿、墨斗等木工工具的发明,使古代工匠们从原始繁重的劳动中解放出来,不仅提高了劳动效率,还大大提高了造园工艺水平,推动了我国传统造园技术的发展,促使更多的园林精品呈现在我们眼前。

其次,鲁班的发明创造,丰富了中国传统造园要素。

鲁班被尊称为古代建筑鼻祖,其发明的榫卯结构木质建筑一直沿用至今。同时,民间建筑技术专著——《鲁班经》中讲述了各式建筑的构架形式、名称及一些建筑的成组布局形式,如亭、台、楼、阁、轩、榭等。这些传统木结构建筑不仅可以供人生活起居,还是传统造园活动中重要的造园要素。传统木结构建筑的出现,丰富了传统造园要素,为造园活动奠定了基础。

再次,"鲁班文化"的内涵影响了中国传统造园理念。

鲁班文化中的比例与尺度、因材制宜、仿生原理、吉凶风水、艺术创作与实践创新对中国传统造园理念的形成产生了重大影响,极大地促进了中国传统造园的发展。鲁班文化的内涵对中国古典园林的选址、立基,园林建筑的营造,山石的组合,水体水系的梳理,以及植物的种植等各环节都起到了重要的指导作用。

第二篇
名人与园林

玄圃：
神话传说中天神黄帝的下都

玄圃是上古神话传说中昆仑山顶的"黄帝之园"，

轩辕黄帝既是古代部落联盟首领、"人文初祖"，

也是神话传说中的皇天上帝、五方帝中的中央帝。

一、中华文明始祖：黄帝

黄帝，古华夏部落联盟首领，中国远古时代华夏民族的共主。据说他是少典与附宝之子，本来姓"公孙"，后改姓"姬"，因此叫作"姬轩辕"。因为他发明了独轮推车，而号称"轩辕氏"；又因为他建都在有熊，也被称为"有熊氏"。此外，还有人称他为"帝鸿氏"。

黄帝是司马迁在《史记》中记载的第一个历史人物。黄帝在《史记》中完完全全是人的形象，而且，在司马迁看来，黄帝还是中华文明的始祖，即"人文初祖"。但是在《山海经》《穆天子传》《淮南子》等神话传说中，黄帝却是一位天神。

那么，黄帝究竟是神还是人呢？下面我们详细讲讲。

首先，"帝"这个字最早指代的是"上帝"。"上帝"一词并非舶来品，在先秦典籍里常常能看到"上帝"一词，有时候也称"帝""天帝""昊天上帝"等等，上帝指的是先秦时期华夏民族信仰中的至上神，在典籍中，"上帝"常常和"上天"一起出现，上帝是天神中最高级别的神，也是主宰人间一切的神。

随着历史的发展演进，由于五行观念的出现，于是"帝"这个概念开始出现了分化，因此有了"五方天帝"的说法。也就是说，金木水火土这五种自然物质和东西南北中这五个方位一一对应起来，就有了东方青帝太昊（属木）、西方白帝少昊（属金）、北方黑帝颛顼（属水）、南方赤帝神农（即炎帝，属火）、中央黄帝轩辕（属土。因为土的颜色是黄，所以称黄帝），五帝各守一方。而在这五方天帝中，黄帝最为尊贵，因为他居于中央的位置，只有他具有最高天帝的资格。五方天帝都是天神，而不是人类。

历史在继续发展，天下的最高君王也可以以"帝"为称号，这个时期的"帝"可以指代"人王"，而不再仅仅是天神，比如夏、商两代的君王往往以"帝"为称号，大家最熟悉的就是商纣王，他被称为"帝辛"。

再往后，到了战国时代，有一个叫邹衍的人提出了"五德终始说"，把最高天帝（天神）的黄帝和人间的君王（人王）姬轩辕匹配起来，而放在夏商周之前。从此之后，人王的"五帝说"开始兴起，比如《荀子》这本书里就谈到了，可见，以荀子为代表的儒家学派也渐渐认同了这个说法。也就是在这个时期，上古时代的人王"姬轩辕"才开始和"黄帝"这个名号"对号入座"了。

司马迁作为儒家背景下成长起来的史学家，肯定是认同这个说法的，所以才会说："有土德之瑞，故号黄帝"。所以姬轩辕被称为"黄帝"，用《吕氏春秋·应同》的话来说，就是"其色尚黄，其事则土"，其色尚黄，是土的属性；其事则土，是指人的属性，黄帝所有功业中最重要的一项就是发展了农业，而农业和土地是息息相关的。

那么，为什么司马迁认为我们的始祖是黄帝，而不是其他人呢？因为司马迁认为是黄帝缔造了最早华夏族的核心，从黄帝开始有了民族融合，有了国家雏形，有了制度草创，有了农业大发展，也有了物质和文化建设。

二、"轩辕黄帝"的典故

史书中记载关于黄帝的传说故事非常多，主要是围绕黄帝的精神品格和卓著功德所拓展的故事群，有描述黄帝本人盖世奇功的，有描述生产生活的，有描述风土人情的，有描述地理地貌的，不一而足。

这里仅举一例，讲讲"黄帝取名轩辕"的故事。

由于长年累月的迁徙游牧生活，各种笨重的东西都要人担肩挑，每迁移一次都给先民们带来极大痛苦和不便。遇上女人生孩子，老人生病，更是叫苦连天。黄帝为此事也是经常唉声叹气，但又不得不迁移。

有一次，黄帝带领他的先民迁移到北方黄土高原。这里森林茂密，地形平坦，便于长期生存。

他们刚刚居住下来，有一天突然狂风大作，黄帝立即命令全部先民，人人抱树，个个藏身，以防被狂风卷走。

黄帝只顾别人的安危，不料，自己头上戴的遮太阳的大圈帽，被狂风吹掉。他连忙抓住一棵小树，就地蹲下。

黄帝发现他的大圈帽被狂风吹得就地滚动，并不倒地。这是什么原因呢？

于是黄帝折下了一根树枝，照着帽子的样子做了一个圆圈，并且把这个做成圆圈的树枝向前推动。可是树枝没滚多远，就倒下了。

不过黄帝十分聪明，于是又多做了几个圆圈。四个轮子组成了一个车的样子。于是最原始的车就诞生了，但是树枝做的车不能承重，黄帝便找来部众用石头打磨成圆形，做成可以搬运重物的车。

后来，人们把当时的车，命名为"轩辕"。为了纪念黄帝造车的功绩，把黄帝称为"轩辕"，当时的山坡叫"轩辕之丘"。

在经过不断的发展和演变后，车，由原来的石头变成了木制的。这不仅使黄帝一族在迁徙过程中方便了很多，也成为很重要的运输工具。再后来，人们又在此基础上发明了打仗用的战车。

黄帝以统一华夏部落与征服东夷、九黎族而统一中华的伟绩载入史册。

黄帝在位期间，播百谷草木，大力发展农业生产，并开始制作衣帽、修造车船、制定音律、开创医学、创造文字等。我国有着五千年的文明史，而起点就是从黄帝时代算起的。我们自称炎黄子孙，黄帝和炎帝共同被我们尊奉为中华民族的人文初祖。

三、黄帝的空中花园"玄圃"

根据《山海经》《穆天子传》《淮南子》等古籍的记载，神话传说中所说的昆仑下都、层城、玄圃、五城十二楼等神仙宫圃，大概就是古人心目中最早的园林原型。

在中国古代神话中，昆仑山是神仙居住之地，分为三层：下层叫樊桐（也叫板桐）；中层叫玄圃（也叫阆风）；上层叫层城（也叫增城，即天庭）。

据说，天帝在凡间设有行宫别馆，称为"下都"。下都就在昆仑山上，那里有玉树琼枝、仙宫神圃，住着神仙，并有一个叫作陆吾的神掌管看守。

这是一个生长着不死之树、环绕着不死之水，能使人与神灵相通并获得永生的仙界。

玄圃，又称悬圃、县圃，是神话传说中的"黄帝之园"，昆仑山顶的神仙住所、黄帝的下都。凡人登上玄圃，就可以得到神通，能够呼风唤雨。

关于玄圃的描述，我们在第二讲"昆仑神话"中已经介绍了很多。这里谈谈"玄圃"（"悬圃""县圃"）名称的来历。

首先说说"悬圃"的来历。为了一探究竟，我们需要穿越美索不达米亚之远古文明，去看看素有"古代世界七大奇迹"之称的"空中花园"（Hanging Garden）。

关于空中花园有两种说法，一说为巴比伦帝国国王尼布甲尼撒二世在巴比伦城所建造，一说为比他早100多年的亚述帝国国王辛那赫瑞布在尼尼微城所建造，但不论是谁在什么地方所建，关于"空中花园"的描述却大致相同。

"空中花园"约于公元前600年建成，是一个四角椎体的建筑，由沥青及砖块建成的建筑物以拱顶石柱支承着。台阶上种有全年翠绿的树木，植有名花异卉，姹紫嫣红，浇灌花木之水，通过引水系统取自于流经旁边的河水。从远处遥望，整座花园极似半悬于空中。

当然，空中花园从来就不可能悬挂在空中，这个名字的由来可能是当时翻译所致，就是说，这个新鲜事物流传到我国，可能被翻译成了"悬圃"。程嘉哲《天问新注》中也说："县（悬）圃意为高悬在空中的花园。"

空中花园在建造之时，台上还建有七星坛，帝王们除了观赏娱乐的要求外，筑台还具有祭天通天的功能。这种筑高台以通天的功能，《圣经》中的巴别塔也相类似。中国古代神话中昆仑仙山也有通天的功能，那么，把昆仑最高层称之为"悬圃"，这当然是一个完美的结合。

至此，关于"悬圃"的来龙去脉，我们已基本清晰。

再说说"玄圃"的来历。东汉《说文解字》中说："黑而有赤色者谓玄"，那么，"玄圃"就是"黑色的花园"，这怎么能和"悬圃"扯上关系？

如上所述，"悬圃"一词应当是源于两河流域的皇家空中花园，当这一事物可能从"北方丝绸之路"传入中亚，经新疆再传至中土后，中土人民便把它与昆仑山结合起来，这恐怕就是《山海经》《穆天子传》《淮南子》等典籍中的记录。

这就是说，这一事物开始是作为意译词"悬圃"流传到中原的，当和昆仑山结合后，因为古籍中被称为"昆仑"的人或物，其外貌都具有黑色的特征。由此我们似可得出"昆仑"一词兼具"黑色"的含义，昆仑山也就成为黑色之山。因此，悬于昆仑山上的空中花园就演变为"黑色的花园"，再进而演化为"玄圃"。

此外，"县"与"悬"为古今字，即不同时代记录同一个词使用的不同形体的字。"县"的使用年代较早，是古字；"悬"的使用年代较晚，是今字。

至此，我们可以明白，在典籍中杂乱出现的"县圃""悬圃"与"玄圃"三个词语指的是同一事物，它们同指昆仑山上的一个地名，即位于昆仑之巅的空中花园。这个地名直接使用外来事物的意译借词，就是"悬圃"；把这外来事物和昆仑山黑色的外貌特征相结合，就是"玄圃"。

第八讲　瑶池：
神话传说中西王母的离宫

瑶池仙境是中国上古神话传说中昆仑山上的天池，

其主人是道教中至高无上的女神——"西王母"，

传说西王母在瑶池与西周天子周穆王有一段恋情。

一、中国第一女神"西王母"

西王母，也称九灵太妙龟山金母、太灵九光龟台金母、瑶池金母、金母、王母、西姥等，传说是掌管不死药、罚恶、预警灾难的长生女神。她居住在西方的昆仑山，是女仙的首领，主宰阴气、修仙的女神，是生育万物的创世女神。

很多人开始对西王母和她的传说感兴趣，要归功于《盗墓笔记》的火爆。看完《盗墓笔记》，不少人都惊呼：哦，原来真正的西王母和《西游记》里的王母娘娘不是一回事啊！而且她也不是玉帝的老婆！

《山海经》中描写的西王母并不是一个贵妇人的模样，而是"其状如人，豹尾虎齿，善啸，蓬发戴胜，是司天之厉及五残"。就是说，西王母外形长得像人，长着一条像豹子一样的尾巴，有着一口老虎的牙齿，经常会大声地吼叫，一头乱蓬蓬的头发，还戴着闪光的玉饰，是上天派来负责传播病毒和各种灾难的神。

其实早在商周时期，就已经有西王母的记载了，她最早生活在昆仑山中，是一个全知全能的女神，而且手中还有长生不死的神药。

后来，在民间又有了"东王公"的传说，也就是我们熟悉的"东华帝君"（即太阳神），而他的出现就是为了和西王母配对。需要说明的是，西王母与东王公是对偶神，他们并不是夫妻关系。可见，西王母的出现远远早于东华帝君，而这也就代表了西王母的地位是非常高的。

后来随着道家的出现，就把西王母和东王公吸收到了道教的体系里，然后还把西王母定义为先天的神仙。在道教中我们可以看到，那些男仙都是归东王公掌管的，而女仙都是归西王母掌管的，这个时候西王母的地位已经比之前低了很多了。

道家认为，人在升仙之后，做的第一件事就是去拜见东王公，然后就是拜见西王母，最后是三清（道教的最高神，即玉清元始天尊、上清灵宝天尊、太清道德天尊）和天帝，当然这个天帝还不是我们熟悉的玉帝，而是昊天大帝，也就是大家口中说的老天爷。这也是一种古老的民间信仰。

而玉皇大帝的说法，其实比西王母和东王公要晚很多。看到这里大家应该也就明白了，其实玉皇大帝就是由东王公和昊天大帝演变过来的，而我们熟悉的王母娘娘其实也就是由西王母演变过来的。只不过她们俩是存在于不同时期的，所以两人的叫法就不一样，而玉皇大帝和王母娘娘的关系，其实就与东王公和西王母之间的关系是一样的，并非夫妻，而是对偶神。

二、西王母瑶池仙境的传说

在中国园林史上，西王母的"瑶池"与黄帝的"玄圃"齐名，它们都被当作神话中的园林在古代广为流传。

瑶池是古代中国神话传说中昆仑山上的天池。天池，其实就是山顶的湖泊，远离尘世，人迹罕至，仿佛仙境一般。

《西游记》中说，每年农历二月初二、六月初六、八月初八，王母娘娘在瑶池水边的平台设蟠桃盛会，各路神仙从四面八方赶来，向始祖女神王母娘娘贺寿。混进来偷吃蟠桃的美猴王孙悟空，喝得酩酊大醉，上演了一出"大闹天宫"的好戏。

而据春秋战国时期的典籍《列子·周穆王》记载，在瑶池仙境，西王母还遭遇了一场艳遇——来自中原的西周天子周穆王，乘坐八匹千里马拉着的车辇，到西域昆仑山来会见西王母，两人一见钟情、把酒言欢。

司马迁似乎也认定周穆王与西王母的会晤确有其事，而非传说，特意在《史记·周本纪》里记了下来，时间、地点、人物都很清楚："穆王十七年，西巡狩，见西王母。"

《史记·赵世家第十三》则把故事讲得更加详细。

周穆王率领卫队到昆仑山，进行的是"外事访问"。西王母以最隆重的外交礼节迎接从东方远道而来的贵客，把周围各部落的酋长都邀来作陪，在瑶台摆开宴席，夜光杯斟满特产奶酒和葡萄酒。

瑶池如镜，投下了两位首领举杯相庆的身影。周穆王暗自赞叹：西王母的美貌果然名不虚传，难怪那么多英雄都拜倒在她的石榴裙下。西王母也有一份惊喜：想不到邻邦的君主如此英俊潇洒。

当一盘盘蟠桃作为饭后果品端出来，周穆王才知道：当天恰逢西王母生日。真是个好日子啊！幸好有备而来，周穆王让随行人员从自己的车驾上取来一箱丝绸衣物和珍珠玛瑙，送给西王母，既作为见面礼，又是生日礼物。

西王母一高兴，走下舞池，亲自在乐队的伴奏下跳了一曲迎宾舞。这是她过得最开心的一次生日。

周穆王与西王母在瑶池度过的美好时光，真是"天上一日，人间一年"。周穆王简直分不清是来到了仙境，还是流连于梦境，差点忘了自己的身份。

欢乐的日子总是特别短暂，不久，有信使骑快马来催促周穆王东归回国，说京城有一系列重要活动需要周穆王拍板。国家不可一日无君，周穆王只得向西王母辞行。

西王母又在瑶池举行了送别盛宴。席间举杯相敬，用歌声诉说对离别的感伤以及对重逢的期待："白云飘在高山巅，山川纵横道路远。死神若没带你走，一定可以回这边。"❶

周穆王也举酒回敬，即席唱和："我回东土理政务，安定华夏众部族。等到天下太平时，必定踏上回归路。只需短短三年期，再次相见永不负。"❷

西王母听后又唱道："我住西方旷野上，实在偏僻又荒凉；老虎豹子同我行，乌鸦围着我飞翔。我守此地而不走，只因老天是我娘；可怜善良的子民，和您分别泪水长。乐师吹奏起笙簧，心在音乐里翱翔；你是万民的君主，上天唯一的瞩望。"❸

彼此还有许多要说的话，找不到言辞来表达，都用脉脉含情的眼神来传递了。

《穆天子传》里记载：双方约定三年之后再相会，周穆王为了以示纪念，还在瑶池边亲手栽下一棵槐树，立了一块石碑，上刻"西王母之山"五个大字。他是想让这棵树代替自己，陪伴西王母度过离别后难熬的时光；他是想让这块刻有文字的石头，代替自己，默诵着海誓山盟。

走出昆仑山口，周穆王回了一下头，依稀看

---

❶ 原文为："白云在天，山陵自出。道里悠远，山川间之。将子无死，尚能复来。"

❷ 原文为："予归东土，和治诸夏。万民平均，吾顾见汝。比及三年，将复而野。"

❸ 原文为："徂（cú）彼西土，爰居其野。虎豹为群，于鹊与处。嘉命不迁，我惟帝女，彼何世民，又将去子。吹笙鼓簧，中心翔翔。世民之子，唯天之望。"

见那个女人还在树下站着。

不知因为公务难以脱身，还是别的什么原因，三年期满，周穆王并没有再次西行，与西王母重续前缘。只有那几首依依惜别时对唱的情歌，在草原与阡陌之间流传。

许多被这昆仑情歌感动过的诗人，都很关心周穆王与西王母那只进行到一半就没有下文的情史。

譬如唐代总是写《无题》朦胧诗的李商隐，也对此事刨根问底："瑶池阿母绮窗开，黄竹歌声动地哀。八骏日行三万里，穆王何事不重来。"（李商隐《瑶池》）

唐朝曹唐的《小游仙诗九十八首》，替故事的女主人公追悔不已："九天王母皱蛾眉，惆怅无言倚桂枝。悔不长留穆天子，任将妻妾住瑶池。"

同样以"悔"来表达这段情史的遗憾，还有唐传奇的《嫁女诗》："奉君酒，休叹市朝非。早知无复瑶池兴，悔驾骅骝（huá liú，泛指骏马）草草归。"

周穆王食言了，失约了。他是一位优秀的国王，却不见得是称职的情郎。他辜负了西王母的等待。可西王母毕竟不是一般的女人，其胸怀也像昆仑山的天池一样开阔，包容得下人间的所有悲欢离合。她守望了一个又一个三年，却毫无怨言。

西王母在战国时期就是名人，并成为长生不死的符号。《庄子·大宗师》为她作证："西王母得之，坐乎少广，莫知其始，莫知其终。"长生不死药，是西王母的专利产品。汉武帝时期刘安在《淮南子·览冥训》中描写道：嫦娥就是偷服了西王母送给后羿的这种灵丹妙药，而飘飘欲仙、飞奔月宫的。

能研制长生不老药的西王母，自己必然永葆青春。她的等待，也比一般人漫长得多，甚至可能是无限的。

《穆天子传》记载王母曾通过唱歌的方式祝福周穆王永远健康：只要生命不息，就能后会有期。周穆王果然是长寿的帝王，五十岁登基，占据帝位达五十多年，也就是说活到了一百多岁。他与西王母相见时，已做了十七年皇帝，分手后又当了三四十年。

西王母比周穆王活得长久。她见过好多朝代的中原帝王。甚至到了汉代，汉武帝还总向她讨要仙药。西王母推却不过，最终给他几颗蟠桃来代替，总算打发掉了他的奢望。

《汉武帝内传》记载：七月七日夜，西王母乘坐紫云车从天而降，落于承华殿西南角，面朝东方与武帝相对而坐。西王母自带了天庭的珍馐美味，又命侍女端上用碧玉雕成的盘子盛着的七颗仙桃，每颗仙桃都是淡青色，圆溜溜的。西王母赠送给汉武帝四颗，自己吃了三颗。汉武帝吃下仙桃，大约是觉得桃子味道十分甘美，便把桃核保存下来，准备以后再进行种植。西王母说，这种桃要三千年才能结果，中原土地贫瘠，无法种植这种桃树。

汉武帝重用的文豪司马相如，在《大人赋》里对西王母进行过文学想象。司马相如和汉武帝一样，关注的是西王母使人长生不死的无边法力。

与司马相如齐名的扬雄，在《甘泉赋》里描绘了西王母的光彩照人。

不只西王母，连西王母的宠物，或者说西王母麾下的"通讯员"——青鸟，都成了众多文人墨客的咏叹对象，可谓"爱屋及乌"。

不为五斗米折腰的陶渊明，也写下了《读〈山海经〉十三首·其五》以"三青鸟"殷勤相问："翩翩三青鸟，毛色奇可怜。朝为王母使，暮归三危山。我欲因此鸟，具向王母言。在世无所须，惟酒与长年。"

李商隐的"青鸟殷勤为探看"，南唐李璟的"青鸟不传云外信，丁香空结雨中愁"都把这神秘的青鸟拟人化了，成了诗歌王国的小情人，成了情人之间超越时空的信使，或者说，成了东方的小爱神丘比特。

第九讲 鹿台、摘星楼：
纣王与妲己的享乐窝

鹿台和摘星楼是《封神演义》着力描写的两座园林，

包含了"享乐""理政""淫欲""死亡"等含义，

成为商纣王与狐狸精妲己荒淫无度生活的见证者。

一、助纣为虐的鹿台与摘星楼

鹿台，商纣王兴建的宫苑建筑，地点在都城朝歌（今河南淇县）。

据《封神演义》中记载，相传妲己被"九尾妖狐"杀死，并且被附上了身。为了与其他妖精、狐妖相聚共商大事，就声称鹿台所在之处为福地，可建高台请仙人下凡，使纣王长生不老。纣王很高兴，就同意了。

纣王兴师动众，召集各地知名工匠，集聚全国财宝，整整用了七年时间才竣工。鹿台上建造了宫殿楼榭数百间，斗拱飞檐，雕梁画栋，富丽堂皇，豪华盖世。

鹿台四周群峰耸立，奇石嶙峋，松柏参天，野花芬芳。台前卧立了几排形似各种走兽的巨石，犹如守候鹿台的卫士。台下一潭泉水，深不可测。池水清澈见底，面平如镜，微风吹拂，碧波粼粼。每当风和日丽的早晨，彩霞满天，紫气霏霏，云雾缭绕，整个鹿台的楼台亭榭时隐时现，宛如海市蜃楼，恰似蓬莱仙境。

据说鹿台建成之后，妲己和纣王常和"仙人"（其实是狐妖）宴饮，十分畅快。

名臣比干有"七窍玲珑心"，可查一切妖孽。一次，他以皇叔的身份参加鹿台大宴，发现所谓的仙人竟是狐妖！后来他找到妖穴，吩咐大将黄飞虎将它们烧死，而且把它们的皮制成一件狐皮大衣送给纣王。这件事触怒了妲己，后来就发生了"比干剖心"的惨剧。

摘星楼，是纣王为了讨好苏妲己，为她建造的一座宏伟高大的塔楼，因为建造得特别的高，站在上面，好像可以够得着天上的星星一般，因此取名摘星楼。

后来，纣王受妲己的蛊惑，在摘星楼上摘下了比干的心，一代忠良就这样惨遭杀戮。之后，人们把摘星楼改叫作摘心楼。

二、《封神演义》里的园林意象

《封神演义》一般俗称《封神榜》，又名《商周列国全传》《武王伐纣外史》《封神传》，是明代许仲琳（存在争议）创作的长篇小说，约成书于隆庆、万历年间。

园林是《封神演义》中独具特色的场景，同时也是含义丰富的小说意象。诸如鹿台、摘星楼、桃园、御花园等意象，它们虽然不是作者描写的重点，但也无法让人忽视其对于文本叙事的重要作用。

在《封神演义》中，园林空间的存在表现出它的多功能性，不但限定了小说角色的活动空间，而且为在这一空间内发生的故事增添了独特的深层含义。

京城朝歌的鹿台和摘星楼是作者着力描写的两座园林，它们作为纣王与妲己生平的见证者，自身也包含了"享乐""理政""淫欲"与"死亡"等多种功能与含义。

（一）享乐功能

"享乐"是二者最主要的功能。

第十七回中，两次提到摘星楼上的享乐场景：第一次妲己将好姐妹琵琶精的原形"玉石琵琶"保存在身边，理由是以便于纣王早晚取乐；当笔锋转至下一场景时，又是以纣王和妲己在摘星楼的宴饮作为引子，而在同一时间，姜皇后的宫人正为皇后冤死而忧伤，享乐场景被蒙上一层阴霾。

妲己发明了虿（chài）盆（将人投入毒蛇毒蝎坑中）这一酷刑，当虿盆建成后，纣王在摘星楼的享乐项目便多了一项"看毒蛇咬食宫人为乐"。

摘星楼上的娱乐活动还有下棋和赏玩，分别见于第二十回和第二十一回。

另外，纣王应妲己的要求，在摘星楼下两侧建"酒海""肉林"，其娱乐功能已经不再单纯，而是上升为暴虐凶残，至此，摘星楼意象的这一特性被升高到顶点。

第二十五回，纣王在摘星楼得到鹿台建成的消息，从这一回开始，摘星楼的享乐功能被弱化，鹿台分担了曾经在摘星楼上举行的娱乐活动。

鹿台刚刚落成，作者便连写了两个宴饮场面，一个是第二十五回纣王夜宴群妖，这是鹿台上最大规模的宴饮场景之一，也是当初妲己诱骗纣王建台的说辞的兑现，这次宴会经妲己的导演变得荒谬不堪：众狐妖酒后现形，被比干追踪后剥皮做袄袍献给纣王，此时的纣王正和妲己在鹿台赏雪，看似欢快的气氛中顿时多出了妲己为报子孙之仇的怨恨。

还有第五十二回和第六十六回，纣王与美人饮酒享乐时，两次昏睡，第一次听到太师托梦，第二次听到皇子殷郊托梦，二人都希望纣王勤政爱民，当纣王疑惑之时，又被妲己等劝说而放弃了。

"台"的存在使统治者享乐的需求和伦理的要求形成了尖锐的矛盾，小说中文王的"灵台"和纣王的"鹿台"是一组鲜明的对比，二者的建造有着本质上的不同。

首先，灵台建造的目的是"占风候，验民灾"，其出发点是为民福祉，与鹿台建造的享乐目的截然不同；其次，文王招工采取自愿原则，体现民本思想，而鹿台的建造则完全依靠强制，象征强权压迫；最后，灵台的建造是必须为之，符合礼法要求，而鹿台的建造则是统治者的恣意妄为，背离礼法制度。

摘星楼、鹿台的享乐功能将纣王身上所携带的"罪恶"具体化，从而形成"沉迷享乐—无暇朝政—荒淫无度"的递进关系，这一含义链经过多次描写产生极强的批判效果，同时作者又将妲己、费仲、尤浑等的诱骗因素加入其中，又形成了"沉溺享乐—奸佞蒙蔽—亡国前奏"的因果关系，使这二者意象的含义更加深刻。

（二）理政功能

当摘星楼的享乐功能被弱化后，它与朝政的关系便被加强。

鹿台建成后，纣王在摘星楼得到臣下的奏报往往都是全书叙写的重要节点：第二十一回，费仲、尤浑奏报姬昌私逃；第二十五回，比干奏报文王造反；第三十回，姚中奏报武王即位；第五十六回，韩荣奏报邓九公父女归顺武王；第六十二回，纣王得知苏护归降……

随着情节的推进，殷商损失的重要大将逐渐增多，这势必造成殷商不久后的灭亡。一直到第八十五回，周代军队攻下临潼，朝歌危在旦夕，纣王听到奏报的地点被转移到鹿台上；第八十七回，周代军队到达渑池，纣王再次从鹿台上得到战报。

这两回中的空间安排十分紧密，叙事节奏骤然加快，纣王在鹿台宴饮时听到战报继而移驾前朝，开始理政，这样以进为守的叙事方式颇为巧妙，纣王也在短暂的觉醒中做着有限的挣扎。

第八十九回，中大夫飞廉报捷，纣王下诏犒赏三军，当晚鹿台又上演了敲骨剖腹的戏码，殷商的灭亡已迫在眉睫。

摘星楼和鹿台本是享乐的场所，纣王将理政功能加在其中，通过混淆建筑功能而达到反讽的效果。

鹿台建成后，摘星楼和鹿台的主要功能形成一定的分离，使得全书结构达到平衡，可当叙事到达最后的高潮时，理政功能被转移到鹿台上，这样，鹿台意象的多义性便被凸现，其深刻性便也随之而来。

（三）淫欲功能

摘星楼和鹿台的意象中还有"淫欲"的内涵。

促使武成王黄飞虎背弃殷商的事件之一，就是纣王在摘星楼上对他的妻子贾氏有非礼的行为，而贾氏为保全名节只得纵身跳楼。

鹿台上的淫乱场面则更加令人瞠目结舌，妲己为了巩固对纣王的控制，把自己的姐妹先后引荐给纣王，从鹿台建成以后，屡见众妖与纣王多人宴乐的场景：第二十八回，妲己、胡喜媚、纣王和众臣在御花园赏牡丹；第六十六回，妲己、胡喜媚、王贵人传盏，哄纣王作乐；第八十九回，殷商小胜武王，纣王与三妖共乐。

纵观全书，妲己频繁出现的处所由寿仙宫转到摘星楼和鹿台，这与姜皇后等人不离寝殿的行动轨迹形成对比，同时，在妲己被封为皇后之后，作者对她的称呼也并没改变，自始至终直呼其名。

鹿台、摘星楼两处与皇后称谓的不相容，标志着妲己与宗法身份的背离，同时也使两处建筑意象增添了"淫乱"的内涵。

（四）死亡功能

　　纣王的荒淫无道带来大量惨案、冤案，这样浓郁的死亡氛围和鹿台、摘星楼两个园林意象也有着不可分割的关系，其中在摘星楼发生的命案数量更为惊人。

　　第十六回，姜子牙在摘星楼下用三昧真火烧死琵琶精；第十七回，姜皇后的七十二宫人被推入摘星楼下的虿盆，被毒蛇毒蝎咬死，同一回，上大夫胶鬲（gé）跳下摘星楼而亡；第十八回，杨任在摘星楼下被挖去双眼；第十九回，伯邑考触怒妲己，被纣王送入虿盆；第三十回，黄飞虎的妻子贾氏坠楼而亡，同一回，黄妃也坠楼身亡；第九十七回，纣王在摘星楼自焚，殷商的寿命就此终结。

　　鹿台上发生的惨案虽然不多，但仅有的几件足以震撼人心：股肱之臣比干的死亡即在鹿台上，再加上比干的追随者夏招坠台而亡，两件命案对忠诚于殷商的文臣武将产生巨大的打击，果不其然，殷商很快又失去了最得力的武将武成王，两军对垒的叙事格局已定。

　　第十六回之前，发生的命案多集中在"前朝"（如九间殿、午门等），纣王建造的炮烙即在九间殿前。

　　姜子牙在摘星楼上被众人围捕，他从摘星楼一路逃过龙德殿、九间殿，最后循水而去，他是全书唯一从摘星楼死亡阴影下逃脱的幸运儿，其逃跑路线串联了前朝、后庭的行刑之地，之后，命案发生地便从前朝转到后庭，这标志着纣王理政的热情减退，也为后文姜子牙伐商提供了充分的理由，同时也暗示着姜子牙会成为殷商最大的威胁。

　　总而言之，《封神演义》中的园林意象虽然描写不多，但却自成一脉，为作者侧重刻画的战争场面提供依托，使整部小说的核心寓意得到一定程度的强化，同时也丰富了小说中的园林功能描写，使"文学"与"园林"的关系得到纵向的深化。

第十讲　沙丘苑台：
商纣王酒池肉林之所

沙丘苑台是见于文字记载的最早的"贵族园林"，

它具有"狩猎、观赏、祭祀、游憩"等多种功能，

见证了商纣王、赵武灵王、秦始皇的兴衰与成败。

一、史载最早的园林"沙丘苑台"

沙丘苑台，也称沙丘、沙丘平台、沙丘宫，始建于商代，其遗址在今河北邢台地区，为商代最后一位帝王纣王所修造。

沙丘苑台地处华北大平原，这里曾经气候温和湿润，土地肥沃，被纣王所中意，在此修筑"离宫别馆"。

沙丘苑台是目前史料中记载最早的"贵族园林"、中国古典皇家园林发展的源头。

沙丘苑台属于皇家园林的雏形。"园林"一词，是在魏晋南北朝时才出现的。而皇家园林在古籍里被称为"苑"或"囿"，苑和囿通用，常并称为"苑囿"。

"沙丘苑台"中的苑也就是囿，按汉代许慎《说文》的解释："苑，所以养禽兽也。""囿，苑有垣（围墙）也。"唐代《一切经音义》引《三仓》说："养牛马林木曰苑。"因此，沙丘苑台必定是林木繁茂之地。

商代开国君主商汤推翻夏的统治以后，在建国初期就开始"作囿"，其目的一是给宗庙祭祀和宫廷提供新鲜的和干的牛肉；二为检阅作战兵士；三是练习射箭和演习作战的战车，随时准备与其他国家发生战争。

据记载，"囿"有一个广阔的自然环境，用围墙圈起来，其中大部分是繁茂的自然植被，空旷的地方由人工种植树木，并培育各种蔬菜。殷商人也懂得栽培林木和果树，发展林果业。甲骨文中记有柳、杞、柏、栗等树木，河北藁（gǎo）城台西商代遗址中就出土了桃、李等植物种仁三十多枚。

中国古典园林的构成要素主要包括山、水、植物、动物和建筑，沙丘苑台就是由这些要素共同组成的。当时有古漳水从这里流过，造就了这片沃土，水草丰美，林木茂盛。纣王还在沙丘苑台内栽种了树木，放养了供狩猎的禽兽，建造了宫馆，使其成为精妙绝伦的贵族园林之始。

二、沙丘苑台的功能与规模

沙丘苑台具有"狩猎、观赏、祭祀、游憩"等功能，被奴隶主阶级当作人间的"天堂"、理想的"乐园"。于是"（纣王）益广沙丘苑台，多取野兽蜚（fēi，古同"飞"）鸟置其中。慢于鬼神。大聚乐戏于沙丘，以酒为池，悬肉为林，使男女倮（同"裸"）相逐其间，为长夜之饮"（《史记·殷本纪》），成语"酒池肉林"就出自于此。

商纣王名叫辛受，他是商代第三十代君王，在我国历史上是最荒淫无德的暴君之一。

一次出行途中，纣王路过平乡，顿时被眼前的自然美景所吸引，"王固岗数里外，枣杏成林，多经年老树，复有椿槐，千里蔽日，登岗四望，郁郁葱葱，时属清秋，凉风晚发，声来林间。"他不禁感叹：此景只应天上有啊！

于是，纣王就决定在这里修建离宫别馆、苑囿台榭。史书记载，沙丘宫东西宽1500米，南北长500米，是纣王处理政务、休息及娱乐之处，其宫殿群是沙丘苑台中的一部分。

在汉代以前，都城及王宫建制多是采用坐西朝东，以西为上开正东门，沙丘宫的西侧是灵台、时台，呈南北短、东西长的地势格局。

沙丘苑台规模多大、功能如何？司马迁在《史记》中用批判的文字作了描述。

一是"沙丘苑台"面积广大。广大的程度容得下"野兽蜚鸟"。"逐走兽，射蜚鸟"，一个能容纳众多奇珍异兽展翅飞翔的地方，尽可知它的辽阔、广大。

二是"沙丘苑台"是一个多样文化并存的园林。《史记》中用"慢于鬼神"批判商纣王。在"敬畏鬼神"的大商习俗文化中，沙丘苑台内竟然允许怠慢鬼神，不受"鬼神"习俗文化约束的多种文化的存在，说明沙丘苑台的文化特色十分丰富。

三是"沙丘苑台"场面宏大，设置齐全。一方面它能"大聚乐戏"，容纳百人千人同时游戏宴乐；另一方面它有"以酒为池，悬肉为林"的独特场景；再一方面它能"长夜之饮"，说明三千多年前的沙丘苑台，能够解决特大型露天夜宴的照明问题。

四是"沙丘苑台"有着庞大的管理团队和严密的管理体制。其一是苑区的警卫和苑区动物的饲养管理；其二是动物和人的食物储存和保障；其三是食物，包括酒的制造和运输；其四是苑区内的食宿、宴饮等后勤服务保障等。

撇开政治、道德等方面的评价，单从"沙丘苑台"的管理体制来说，就远远超出我们的想象。说明三千多年前的"沙丘苑台"无论在建造规模、设计水平、功能保障、体系化管理、驾驭能力等多方面已经达到了相当高的水平。

由上所述，我们发现两个问题：一个是沙丘苑台中"酒池肉林"的酒从哪里来？另一个是沙丘苑台中"酒池肉林"的肉从哪里来？

因为沙丘苑台社交活动所消耗物资的量，超出了我们的想象力和承受力。这两个看似是沙丘苑台的物质保障问题，实际上牵涉到沙丘苑台的整体布局、整体设计和整体管理问题。

第一它规模恢宏，第二它设施齐备，第三它拥有的物种繁多，第四它场面艳丽。虽然不能与唐朝的"华清池"、宋朝的"艮岳"、清朝的"圆明园"比肩，但"沙丘苑台"在殷商时代已经是翘楚之作，具备了皇家园林的派头。

在沙丘苑台里，宫殿成片，树木成林，各种美食佳肴应有尽有。纣王闲来无事，就叫人把宫殿屋檐下接雨水的天沟里灌满酒（古时候，接雨水的水沟叫天沟，也叫天池，装满酒即为"酒池"）；"肉林"就是在树林里，把熟肉挂在比人略高的树枝上。

纣王让一百名青年男女脱光衣服站在宫殿旁边，一听到鼓响就跳起来去摘树上的肉，因为肉比人高，他们不得不跳起来一手遮羞一手摘肉，窘态百出，纣王即以此为乐。

等看够了，就命他们奔向酒池，模仿牛羊等牲畜喝水的样子，两脚叉立，两手支撑于地去喝池中的酒，等他们喝得半醉，再令他们追逐嬉戏，通宵达旦。其荒淫奢侈程度骇人听闻。

为了助兴，商纣王又安排宫廷乐师制作了淫荡乐曲，在演奏乐曲时，让许多宫女跳很粗俗放荡的舞蹈用以取乐。

据《史记》记载，商纣王为了拒绝大臣对他的劝谏，讨妲己欢喜，还设立了"炮烙"之刑。就是在放倒的铜柱上涂抹膏油，下面用炭火烘烤，若有大臣对其劝谏，就强迫大臣在铜柱上行走，稍有不慎便会坠火而死，以此博得妲己一笑。

一位名叫比干的大臣对此举非常不满，直言上奏，力谏纣王要修身养性、积善行德。但是受到妲己魅惑的纣王听不进逆耳忠言，反而将比干杀死，并挖出心脏。

纣王荒淫无道，不悯民苦，贪图享乐，在沙丘离宫别馆中集财、享乐，致使国内民怨沸腾，最终被周武王举兵讨伐，败走鹿台，引火自焚。

三、沙丘苑台与赵武灵王、秦始皇

后来，到了战国中后期，赵国君主赵武灵王调集了赵国各地民工在商纣王沙丘苑台的基础上大兴土木，历时三年建成皇家离宫，除了休闲之外，赵武灵王多次在此接待外宾。

赵武灵王在中国历代帝王中，不失为颇有建树的政治家和军事家。但在家庭问题上却犯了大错。他在王位的传袭问题上反复无常，引发二位王子内斗，引发宫廷政变，赵武灵王成为此次宫廷政变的牺牲品。被叛军围困三个月之后，赵武灵王被活活饿死在沙丘苑台之中。

再后来，沙丘苑台优美的地理风貌同样吸引了秦始皇驻足于此，并将此地据为己有。

秦始皇统一六国之后，为了显示自己的威仪，使得四海诚服，曾先后五次沿驿道出巡全国。其中有三次经过巨鹿郡，住过沙丘宫。

第一次到巨鹿郡，住进沙丘宫，是为了游宫、赏宝、显示强威。他见沙丘宫很漂亮，回到都城咸阳后，按照沙丘宫的样式，修建宫殿一百四十多处。其中在渭河南边修建的"阿房宫"规格最高，规模宏大，奴役劳工七十多万人。

第二次到巨鹿郡，住进沙丘宫，是为了查粮仓、巡长城、巩固国防。"孟姜女哭长城"的传说就发生在这个时期。

第三次到巨鹿郡，是为寻找长生不老药，反而积劳成疾，驾崩在沙丘宫中。

秦始皇死后，随行的宦官赵高与丞相李斯二人在沙丘宫经过一番密谋，说服秦始皇次子胡亥，伪造秦始皇遗诏，由胡亥继承皇位，还以秦始皇的名义指责皇长子扶苏不孝、大将军蒙恬不忠，逼迫他们自杀，扫除了篡权的最大障碍。这一举世闻名的秦王朝宫廷政变就发生在沙丘宫。

纵观历史，从商纣王奢靡误国于沙丘苑台，到赵武灵王、秦始皇因宫廷政变而丧生于沙丘宫，说明沙丘在古代影响重大。后来，经过司马迁的大肆渲染，后人特别是当权者对"沙丘"两字非常忌讳，唯恐躲避不及。因此，后来就几乎没有再叫"沙丘"的地方了。

文王灵囿：
中国最古老的公园

灵囿是周朝奠基者文王修建的一座王家动物园、植物园，

里面准许百姓砍柴打猎，是君主与百姓共同享用的，

因此被梁思成先生认为是中国历史上最古老的公园。

一、西周园林之始"灵囿"

周文王，名叫姬昌（前1152～前1056年），周代奠基者，是中国历史上的一代明君。他在位期间，勤政爱民，赏罚分明，礼贤下士，广罗人才，拜姜子牙为军师，制定军国大计，屡战屡胜，使得周国（商代的诸侯国之一）与商代鼎足而立，为武王伐纣灭商奠定了基础；他演绎出《周易》，创立了周礼，得到后世儒家的尊崇，孔子称他为"三代之英"。

商代末期，周文王在京城丰镐附近因地制宜，兴建了具有山岳、水体和动植物等不同景观的园囿，达到了囿、台、沼的完美结合，形成一条不同风格的游览观赏线。

关于文王灵囿、灵台、灵沼的记述，见于《诗经·大雅》第八篇《灵台》一文，这是一首描写文王与民同乐的诗歌。诗中首先描写百姓纷纷来给文王修建灵台的盛况，然后写文王在灵囿、灵沼时，动物悠然自得的生活状态，最后写音乐响起来的场景。

著名建筑学家梁思成先生的《中国建筑史》中说："文王于营国、筑室之余，且与民共台池鸟兽之乐，作灵囿，内有灵台、灵沼，为中国史传中最古之公园"。

二、"灵囿"名称的来历

灵囿、灵台、灵沼为什么要用"灵"字，这有什么含义呢？对此，历史上一共出现了四种观点：

第一，从字面意思来看，"灵"具有"精"的意思，就是"神灵"，以《毛诗诂训传》为代表："神之精明者称灵"。因此，"灵"在古代的意思是"神仙或关于神仙的"。

君王被称作"天子"，用"灵"字，正表明了周文王受命于天的意思。古代人对天地鬼神具有敬畏之心，用"灵"字，可以让奴役广大民众，耗费巨大物力修建灵囿、灵台及灵沼的活动，成为遵从上天旨意的行为，从而变得合理化。

第二，"灵"具有"善"的意思，以北宋文学家苏辙为代表。苏辙《诗集传》中说："灵之言善也。"

清代文学家严虞惇也同意苏辙将"灵"解释为"善"；南宋学者范处义则认为灵与善是同一个意思，文王兴建灵囿、灵台、灵沼的目的是与民同乐，这一行为可以称之为善举。

第三，"灵"具有"积仁"的意思，以西汉文学家刘向为代表。刘向说："积恩为爱，积爱为仁，积仁为灵，灵台之所以为灵者，积仁也。"

明代王夫之、清代陈奂也赞同文王因有仁德才称为"灵"的观点。"灵"是表示文王仁德宽厚，深受国人拥戴。正如《诗经·大雅·文王有声》里，就歌颂了周文王善于治理朝政，使得国富民强，万民称颂，四海传扬。

第四，灵台建成的速度快，好像有神灵相助一般。这种观点以南宋理学家朱熹为代表。《诗经集传》中说："灵台，文王所作谓之灵者，言其倏（shū）然而成，如神灵之所为也。"

清代黄梦白、陈曾、龙启涛、王遂升等一批学者赞同这种观点。

我们认为，上述"灵囿、灵台、灵沼"称"灵"的几种分歧，应首先排除建成速度快这个原因。

因为历史上任何一个大型园林工程，无不是用劳动人民的血汗浇铸而成的，百姓只能处于被迫无奈的奴役状态。而文王修筑灵台却呈现出另外一番景象。《诗经·大雅·灵台》里说道，修建灵台本来并不着急，百姓自觉自愿来帮忙，因为是老百姓出于自愿，热情高、干劲大，灵台很快就建成了。

为什么老百姓乐于服役去修筑灵台呢？据说这是因为文王亲民爱民，恩泽不光惠及活着的人，就连死者的尸骨他都加以尊重❶，所以百姓能够全心全意、全力以赴为他做事，毫无怨言。

再看看"灵"的其他几种含义。仔细分析可以看出，"精""善""积仁"其实有相通的地方，

---

❶ 这里还有一个故事。西汉著名学者刘向编撰的《新序》中提道：周文王修筑灵台与池沼，有人在挖地的时候挖出了死人的骸骨，官员就把这件事上报给文王。文王下令说："另外找个地方安葬他吧。"那个官员就说："这只是一副没有主人的骸骨。"文王说："拥有天下的人，是所有天下人的主人；拥有一个国家的人，是这个国家的主人。寡人本来就是他的主人，你又去哪里找他的主人呢？"于是命令官员将骸骨披上衣服、装进棺材，另找地方进行安葬。老百姓听说了这件事情，都说："文王真是贤明啊！恩泽已经惠及枯骨，又何况是活着的人呢？"

是说文王的品德可通神明。此外，灵的繁体字"靈"，下面是"巫"，指明灵台与巫术密不可分。因此，古时的灵台应该是巫师作法通天的祭坛。

灵台建造的作用是为沟通天与人。通天者就是王，古人认为灵台是沟通天人意志的一种交流方式。有了灵台才可以祭天、通天，方便与神仙沟通，通天才能称王。因此，灵台称灵的原因，可以认为是文王想要"占候天道"。

著名天文史学专家江晓原先生说："观天、通天之灵台，实为当时最大最重要的神器。因为通天之事，是上古时代政治上的头等重要事务，直接关系到统治权力之能否确立。"

综上所述，灵囿、灵台、灵沼称"灵"的原因应该按照《毛传》的说法："灵者，精也。"

三、灵囿的规模与功能

《诗经·大雅·灵台》里描写道："王在灵囿，麀（yōu）鹿攸伏。麀鹿濯（zhuó）濯，白鸟翯（hè）翯。王在灵沼，於牣（rèn）鱼跃。"

意思是说，文王来到灵囿中，母鹿卧地很悠闲，母鹿肥美有光泽，鸟儿洁白亮闪闪。文王来到灵沼岸，满池鱼儿跳跃欢。文王在这里狩猎、游乐，欣赏大自然的景物，尽情享受鸟兽鱼虫带来的愉悦。

《说文》中说："囿，苑有垣也。"可见，囿应该是指有围墙，能在里面养禽兽的场所。灵囿大概是现在动物园的前身。

那么，文王的灵囿究竟有多大，它又有何功用呢？

在等级森严的奴隶社会里，由于职位不同，囿也相应地分为大小不同的等级，"天子百里，诸侯四十里"。当时文王还是诸侯之一，不具备天子的礼节，因此，"文王之囿七十里"，既不超标，也不等同，这种在享受方面宁低不高的选择，恰好体现了文王爱护百姓、推行王道的德政思想。

灵囿的作用主要有三种：

一为游览。《毛诗传笺通释》中说："宫有苑囿台沼之饰。禽兽之乐，所谓囿。皆养禽兽以供玩游也。此诗灵囿与台沼并言，其为玩游之囿，无疑。"灵囿里除了栽植树木与圈养野兽外，还挖出了较大的池沼，称为"灵沼"，沼内养鱼，生态环境十分优美。

二是提供祭祀用品的场所。何楷《诗经世本古义》中说："若夫囿沼之设，以习武事，以供祭祀、丧纪、宾客，各有所为，初不为游观设也。"

三为狩猎。《逸周书·世俘》中提到，武王消灭殷商之后，就在灵囿举行了一次大规模的田猎活动。

此外，灵囿还具有抵御灾难、招募贤才等作用。

文王耗费人力修筑灵台、灵囿、灵沼，并非用来享乐，而是用以祭祀。殷商人特别看重占卜，而周人要取代商王朝，就必须有一个合理的理由。因此，周文王建立灵台，以表明自己是接受上天的委任，为周朝名正言顺地建立，寻找一个合法的理由。

因此，灵囿的作用很有可能是用来祭祀神灵，也有招募贤才的意味。而抵御灾难、游览的作用是后来形成的。

总的说来，灵囿是承天命、遵神意，由百姓自觉自愿修建的一座林木茂密、水源丰富、杂草丛生、禽兽众多的王家动物园兼植物园。

《周礼·地官司徒第二》中说，灵囿里有"中士四人，下士八人；府二人，胥八人，徒八十人。"可见，当时灵囿里已经有了不同等级的管理人员和饲养人员，并且有了园艺工匠。这说明灵囿就像今天的动物饲养场、动物园和狩猎场的混合体，兼有为君王贵族提供肉食、观赏游览和打猎娱乐三种功能。

《孟子·梁惠王下》里说："文王之囿方七十里，刍荛（chú ráo，指割草打柴）者往焉，雉兔（zhì tù，指猎取野鸡和兔子）者往焉，与民同之。"可见，灵囿里准许百姓砍柴、打猎，是君主与百姓共同享用的。作为奴隶社会的最高奴隶主，能够兴建苑囿与民同乐，的确难能可贵。

因此，可以说，周文王建的"灵囿"是中国最古老的公园。

章华台：
楚王好细腰，宫中多饿死

章华台是东周时期楚灵王修建的一座宏伟华丽的宫殿，

见证了楚灵王穷奢极欲、嚣张跋扈、昏庸残暴的人生，

史上第一位"太后"——芈月的童年岁月就在此度过。

一、楚灵王的豪华宫苑"章华台"

"北有兵马俑，南有章华台。"在湖北潜江的一个叫龙湾的千年古镇上，有一个和西安兵马俑齐名的景点——楚国章华台。

和兵马俑一样，章华台目前也只是一处供人参观的遗址，但仅仅从遗址我们就可以看出当年的章华台是何等宏伟和华丽，因为它代表着东周时期楚国乃至全世界文化艺术的最高峰。

章华台又叫章华宫（在当时也被称作"天下第一台"），是东周时期的楚国国君楚灵王举全国之力，历时六年修建的一座离宫。据历史记载，章华台"台高十丈（约33米），基广十五丈（约50米）"，相当于有10层楼那么高。

楚灵王（？～公元前529年），姓芈（mǐ），熊氏，初名围，是楚共王的次子，杀了侄儿楚王郏（jiá）敖，自立为楚国国君，即王位后改名虔，是春秋时期有名的穷奢极欲、昏庸暴虐的国君。

楚灵王熊围是一位很嚣张的君土，而且，其篡位也是特别的嚣张。

当时做国君的是他的侄子郏敖。有一天，楚王郏敖生病了，这位跋扈的叔叔假借进宫探望，直接走到郏敖床榻前，然后对宫内的人大喝：我有要事要向国君禀报，你们都退下。而这些人平时也都惧怕这位飞扬跋扈的王叔。

等手下人都走后，熊围跑过去直接掐住自己侄子的脖子想把他掐死，可能掐得太费劲，于是解下自己的腰带，将楚王郏敖活活勒死了，自己即位当上了国君。

楚灵王从即位那天起，就没有安生过一天。国内国外一个劲地折腾，直搞得天怒人怨，自己也变成了真正的"孤家寡人"。

首先就是大兴土木。灵王嫌原有的宫殿都太狭小，就征调全国的劳动力，干了几年，重新给他造了一座章华宫。这章华宫占地数百亩，殿堂亭阁无数，一座更比一座华丽。又引郢都东边的长湖水灌注其间，渠旁种满橘树、翠竹，浓绿之中衬托着万点金红，景色十分宜人。

更值得一提的是，宫院中间还筑有一座高达十丈的方台，名字就叫章华台，登台遥望，几十里以内的远山近树、民舍村居，都能尽收眼底。

灵王认为这宫、这台肯定是独一无二的，因而，每当在台上把酒临风，便有君临天下的气度。

屈原在他的《楚辞·九歌·河伯》里说"鱼鳞屋兮龙堂，紫贝阙兮朱宫"，用来形容河伯居住的龙堂和朱宫是用鱼鳞和紫贝砌筑而成，十分华丽。据说这两句是用来描述当时章华台的奢华，说章华台是用贝壳和珠宝做的宫殿。

珠宝我们都知道很珍贵，其实在古代，贝壳也曾经是一种货币，如果章华台真的由珠宝和贝壳做成，那无异于今天我们用纯金打造的金碧辉煌的建筑。

当然，屈原所描写的肯定是有些夸张，但有意思的是，在章华台遗址里面真的找到了一条宽约2.4米、长约10米，由贝壳缀砌铺成的道路，这也再一次印证了章华台在当年的奢华和不同凡响！

章华台可不仅仅是一座宫殿而已，在它的周围分布着大大小小无数座亭台楼榭，是一座名副其实的精美园林，据说它还是后来人工园林建设的鼻祖，对后世皇家园林，比如圆明园等的建设产生了深远的影响。

二、"楚王好细腰"的典故

楚灵王有一个癖好，就是偏爱细腰，不论男女，只要腰围粗大，他便视为眼中钉。

章华宫建成之后，他选取细腰美女千人住进去。由于楚灵王特别喜欢细腰的美女，其中的宫女嫔妃们争相取悦楚王，一个个为了保持苗条的身材，不惜忍饥挨饿，好把自己的腰练细，所以章华台还被称为"细腰宫"。

细腰美女们由于吃得少而没有力气，她们沿着台阶拾级而上，要走上章华台不得不在中途休息三次，所以章华台又被称为"三休台"。

在楚灵王统治时期，正所谓"上有所好，下必趋之"。风气波及民间，连一般百姓也都以细腰为美，不敢吃得太多。下面的文武百官更是勒紧裤腰带，跟自己的家人说："我要减肥！"原本每天只吃两顿饭的大臣们，因为楚灵王的爱好，每天只能吃一顿了。

结果，大家饿得头昏眼花，站都站不起来。坐在席子上的人要站起来，非要扶着墙壁不可，坐在马车上的人要站起来，一定要借助于车上的扶手。

谁都想吃美味的食物，但人们都忍住了不吃，为了腰身纤细，即使饿死了也心甘情愿。

可怜那些上点年岁的百官，再练也来不及了，上朝时只好用软带紧束其腰，以免招致灵王的憎恶，有的反而把腰勒出毛病来。

当时，各国便传颂着两句话，叫作"楚王好细腰，宫中多饿死"，显然是在讽刺楚国这种奇怪的政治现象，而灵王却浑然不觉，整天在细腰宫中酣饮歌舞，管弦之声，昼夜不绝。

除了章华台被称作细腰宫的典故之外，如今人们熟知的"小蛮腰"的典故也由"楚王好细腰"衍生而来。

当时楚国地处南方，远离中原，国君的爵位也是诸侯列国中最低的，所以楚国长久以来都被中原列国视为"蛮夷""楚蛮""荆蛮"等等。

自楚庄王称霸中原以后，楚国文化迅速赶超中原，到了他的孙子楚灵王时期，楚国文化已经成了当时中原乃至世界上最为辉煌灿烂的文化。章华宫里楚楚动人的杨柳细腰美女们很快受到列国的推崇，人们称之为"楚腰"或者"蛮腰"，后来慢慢地演变成了我们今天所说的"小蛮腰"。

说到"小蛮腰"，还有一个与唐代诗人白居易有关的故事，确切地说是跟他的两个歌伎有关。

唐代有个人叫孟棨（qǐ），编了本著名的《本事诗》，记录了许多唐朝诗人的逸事。书中记载："白尚书（指白居易）姬人樊素善歌，妓人小蛮善舞，尝为诗曰：樱桃樊素口，杨柳小蛮腰。"

书中说的是，白居易家中养了两个歌伎，一个叫樊素，另一个叫小蛮。这两个歌伎应该是白居易最喜欢的，因为樊素的嘴好看，是樱桃小口，娇艳欲滴，唱歌很好听；小蛮的腰身好，是杨柳细腰，婀娜多姿，跳舞很好看。

因为这两句诗描写得传神，极易被文人墨客所熟识，又在百姓中有传播力，所以，"樱桃口""小蛮腰"的说法流传至今，成为描写女孩子的经典词语。一句杨柳小蛮腰，道尽了女性纤柔婉转的曲线美，也难怪小蛮腰会成为细腰的代名词了。

三、楚灵王之后的章华台

楚灵王之后约200年，楚威王时期，楚威王最宠爱的小公主——芈月居住在章华台之中。

电视连续剧《芈月传》播出后，章华台也着实火了一阵，《芈月传》的前15集就以章华台为背景。芈月出生后，楚威王将章华台赐给芈月母女，芈月在章华台生活长大。

芈月，本是楚国人，后成为秦惠文王的姬妾，被封为"八子"[1]。她是秦昭襄王之母，中国历史上第一个被称为"太后"的人，史称秦宣太后。

宣太后是中国历史上一个非常重要的人物，她奠定了秦朝统一天下的基础，是秦始皇的爷爷的奶奶。秦昭襄王即位之初，宣太后以太后之位主政，执政期间，攻灭义渠国，一举灭亡了秦国的西部大患。

秦国尚武，而武功最盛大的时期之一，就是宣太后掌政的三十六年（也有说是四十一年的）。

纵观宣太后的一生，她私通情人，不是一个好妻子，但却是一个真真切切的好太后。她愧对自己的丈夫，却无愧自己的国家。这也使宣太后与吕雉、武则天、慈禧有了一定区别。

吕雉操控儿子，武曌打压儿子，慈禧囚禁儿子，因此出现了刘盈、李旦、光绪这样的傀儡皇帝。但宣太后却会帮助儿子，造就了一代雄主——秦昭襄王。

吕雉等人只能称为"懦弱男人头顶的女强人"，而只有宣太后才有资格被称为"成功男人背后的女豪杰。"

章华台有着深厚的历史文化底蕴，虽然它在秦将白起攻破楚国郢（yǐng）都时毁于战火，但其辉煌的历史给我们留下了许多关于章华台的诗词歌赋。

李白在他的诗里曾经写道："狂风吹古月，窃弄章华台"，"浮云本无意，吹落章华台"；白居易也写道："云梦春仍猎，章华夜不归"；汉末的边让还专门写了一篇《章华台赋》，内容主要

---

[1] 秦汉时期，君王妾室共分夫人、美人、良人、八子、七子、长使、少使等七个等级，宣太后嫁入秦国后，封号"八子"，仅位列第四等，故有"芈八子"之称。

是写当时的楚灵王追求骄奢淫逸的生活，给国家和人们带来了深重的灾难，并借以讽喻当时的皇帝，取得了很好的效果。

2000年，章华台遗址被列为"全国十大考古新发现"之一，现在已经是全国重点文物保护单位。

遗址平面呈长方形，南北宽1000米，东西长2000米。东南部发现有十余座宫殿基址。其中以放鹰台为最大，长约300米，宽约100米，高约5米，由4个相连的夯土台基组成。其中1号台基为双层台基，下层是夯土的，上层是砖坯的，基址上部分布着东西侧门、贝壳路、砖坯墙等遗迹，出土有瓦当、板瓦、铜门环等遗物。

第十三讲 姑苏台：
吴王宫里醉西施

姑苏台是吴王阖闾、夫差兴建的宏大而华丽的宫苑，

夫差与西施等美女嫔妃在宫中欢乐逍遥、花天酒地，

姑苏台的辉煌与毁灭，代表着东南霸主吴国的兴衰。

一、吴王姑苏台的兴衰

姑苏台，又名姑胥台，在苏州城外西南角的姑苏山上。公元前505年，吴王阖闾开始兴建姑苏台，后由吴王夫差历时五年续建才得以竣工。

公元前492年，吴王夫差自战胜越国之后，在吴中称王称霸，得意忘形，逐渐骄傲起来，在国内大兴土木，到处建造宫室、亭台楼阁，作为他享乐、荒淫无度的"蓬莱仙境"，长生逍遥之地。

卧薪尝胆的越王勾践采用了大夫文种的"伐吴计谋"，将大量金银财宝献给吴国君王与大臣，使他们财迷心窍，对越国失去警惕；送去美女消磨吴王的意志；又送去能工巧匠、优质建材，让吴国大肆营造宫殿、高台，使其资财耗尽，民不聊生。

勾践就是用这些办法，以计取胜，不花费大力气去打硬仗，使吴王夫差不知不觉进入他所设计的圈套之中，越陷越深。

有一次，勾践命令三千名木工进山伐木，化了一年多时间，砍伐了大批上等木材。里面有一对巨大的木头，胸径需二十人合抱，高四十丈，其中一棵是有斑纹的梓树，另一棵是梗楠树，木质硬朗，树形挺拔。勾践命令匠人将其精工雕刻成盘龙花纹大柱，抹上丹青，又镶嵌白玉，错彩镂金，金光闪闪，光怪陆离。

他还命人将所有采伐出来的良材进行加工，然后派文种大夫献给吴王夫差，建造富丽堂皇的宫殿与高台。

夫差见了龙心大悦，他不听大夫伍子胥的劝阻，立刻如数照单全收了这批良材。当时这批来自会稽（今绍兴）的粗大木材，把姑苏灵岩山下所有的河道、沟渠都塞满了，"木渎"因此而得名，此地后来发展成镇，就是今天的木渎镇。据史书记载："为修造姑苏台材料历经三年才积聚，五年方造成。"

阖闾在世时，曾在山上修筑烽火高台，观察、预防外来之敌，而夫差却用铜钩玉槛来加以装饰，改建成规模宏大的宫苑。因山筑台，联台成宫，有高台、天池、青龙舟、春宵宫、海灵馆、馆娃宫（苑中苑）等，山顶还开凿了吴王井等。

姑苏台建成后，高三百丈，宽八十四丈，有九曲路拾级而上，登上巍巍高台可饱览方圆二百里范围内湖光山色和田园风光,其景色冠绝江南,闻名天下。高台四周还栽上了四季之花,八节之果,横亘五里,此外,还建宫殿、挖天池、开河渠、造龙舟、围猎物,供吴王逍遥享乐。

吴王夫差在姑苏台终日花天酒地,不理朝政,他到哪里,哪里便有亭台楼阁,住到哪里,哪里就有嫔妃、宫妓侍奉左右。为便于吴王随时临幸而"造曲路以登临",从山上修筑专用盘曲道路直达都邑吴城的胥门。

建造这座宫苑不知耗费了多少黎民百姓的血汗,搜刮了百姓多少资财。《吴越春秋》卷九《勾践阴谋外传》中记载:"它使道路常有死者,街巷哭声不绝,百姓困乏,军士痛苦……"

当吴王夫差与美女们沉浸在欢乐逍遥、穷奢极欲之时,越国便向吴国发动进攻,在公元前475~公元前473年,前后三年把吴国城池团团围困,使吴国城中断粮断炊,百姓饥荒,士兵无力作战,不堪一击,越兵轻易杀入,很快就占领了吴国城池。

就在越兵进攻之时,吴王夫差带领亲信狼狈逃窜到姑苏山上,当他们苟延残喘之际,被追赶的越兵围困山中,上天无路,入地无门,夫差命大夫孙雒(luò)去求和不成,他仰天叹息,后悔当初没有听取伍子胥的忠告,使自己陷入这等绝境,于是用大巾盖脸,自刎而死。

吴王夫差用八年心血建成的姑苏台,被越兵付之一炬,成了一片废墟。

姑苏台的辉煌与毁灭,表明了吴国的兴衰,历史记载着过去,启示着未来。

随着历史烽烟的淡去,"姑苏台"一词经常出现在历代文人描写江南的诗词作品中。如诗仙李白的"姑苏台上乌栖时,吴王宫里醉西施",还有"姑苏台枕吴江水,层级鳞差向天倚","至今月出君不还,世人空对姑苏山","姑苏台榭倚苍霭,太湖山水含清光","空有姑苏台上月,如西子镜,照江城"等等,成为诗词中与江南相关的特定物象。

二、美女西施的故事

说到吴越争霸,不能不提西施;说到勾践从奴仆到霸主的曲折而又辉煌的奋斗史，也不能不提西施。这倒不是西施为勾践灭吴献上了什么锦囊妙计，或立下了赫赫战功，而是因为她是勾践实施文种"灭吴九术"中的一件重要工具❶，并且是一位名满天下、流芳百世的绝色美女。

西施与王昭君、貂蝉、杨玉环，为中国古代四大美女，人们常用沉鱼、落雁、闭月、羞花来形容她们；而西施又名列四美之首。

其实，这四个姑娘，既未留下照片，也未留下画家写真，别说她们美到什么程度，连鼻子眼睛嘴巴长啥样，都没谁见过。咱们对这几位美女的认识，全靠后世文人墨客的文字描写，或一些画家凭借自己的想象所作的四美肖像。西施等人之美，其实已经成为一个符号，成为一个中国人公认的美的名牌。

西施是春秋末期越国人，本是乡间女子，家乡在苎萝山下（今浙江诸暨）。越王勾践为报仇雪恨，施用美人计，将西施献给吴王夫差，成为夫差最宠爱的妃子，终日不理朝政。

西施天生丽质，婀娜迷人，她在水边洗衣服时，清澈的河水映照出她俊俏的身影，使她显得更加美丽，这时，鱼儿看见她的倒影，忘记了游水，渐渐地沉到河底。从此，西施这个"沉鱼"的别号，便流传开来。

相传当时越国人倾慕美人之名，都想一睹芳容，争先恐后到郊外迎候，就连道路也被堵塞了。相国范蠡出了个主意：想见美人者，先付金钱一文，当设柜收钱时，顷刻柜满，可见慕名而来的人非常之多。西施登上朱楼，凭栏而立，楼下的人们抬头仰望，如痴如醉，就连走路都要飘起来了。

为了能使夫差中计，勾践亲自送西施到土城居住，请老师教她歌舞，学习步容，学了三年，她舞技和仪态都至臻完美，再佩戴玉石珠宝，加以打扮，坐在华丽的车辇上，使西施除了姿色之外，在形象、气质等诸方面都无与伦比。在确保能迷倒夫差的情况下，勾践派范蠡将其献给吴王夫差。

夫差正在大兴土木，刚建好姑苏台，正缺绝色美人。当他见到西施时，"以为神仙之下降也，魂魄俱醉。"虽然伍子胥苦苦劝谏，美女是

❶ 一是祭祀天地鬼神，令越王有必胜之心；二是赠送吴王大量金银财宝，使他既习惯于奢侈，又失去防越之心；三是先向吴国借粮，再以蒸过的大谷归还，吴王见谷大，发给农民当谷种，结果稻不生长，吴国出现饥荒；四是赠送美女西施和郑旦，使吴王迷恋美色，不理政事；五是赠送能工巧匠，引诱吴王大兴宫室高台，耗其财力民力；六是贿赂吴王左右的奸臣，使之败坏朝政；七是离间吴王的忠臣，最终迫使伍子胥自杀；八是积蓄粮草，充实越国财力；九是铸造武器，训练士卒，待机攻吴。

祸水，是亡国之物，并列举事实解释给吴王听，无奈夫差是个好色之徒，早已不能自控，从此走向衰败之路。

西施来到吴国后，夫差被她迷得神魂颠倒，春秋住在姑苏台，冬夏住在馆娃宫，整天与西施玩花赏月，花天酒地。

灵岩山上有一眼清泉，夫差常让西施对着泉水梳妆，他亲自为美人梳理秀发。他又与西施泛舟采莲，或乘画船出游，或骑马打猎，总之，沉醉于美色，以姑苏台、馆娃宫为家，把国家大事丢在脑后。

伍子胥求见，往往被拒之门外，只有喜欢阿谀奉承的太宰伯嚭（pǐ）常侍奉在左右。因此他所能听到的，都是些溜须拍马的话。无数史例证明，君王一旦到此地步，也就离垮台不远了。

相传吴国灭亡后，西施与范蠡乘扁舟驶入太湖，隐居起来。也有传说，勾践得胜，带西施回到越国，途中越王夫人以亡国之人为名，将西施负石沉入江中。

西施既然与夫差形影不离，对于吴国的政治斗争、军事机密，也就无所不知，并伺机向越国传递她所得到的情报，以致被今天一些精于考证的史学家称之为中国历史上的头号色情间谍。

她挑拨吴国的君臣关系，特别是夫差与伍子胥的关系，只要稍微吹一吹枕头风，杀伤力比伯嚭说上一大堆谗言蜜语不知大上多少倍。夫差赐剑令伍子胥自杀，恐怕也少不了她一份功劳。勾践的大军能长驱直入，直抵吴国都城，让夫差无还手之力，与西施小姐把夫差迷得晕头转向荒废军政密切相关。

因此可以说，西施是勾践灭吴雪耻的功臣之一。诸暨西施殿的楹联说："越锦何须衣义士，黄金祇合铸娇姿"，便是对西施在越国灭吴中功劳的肯定。

西施只因吴国最终被越国所灭，而且西施是被越国派往吴国的，她肩负着让吴王夫差荒淫腐败、沉湎色欲与刺探吴国政治军事机密的光荣使命，因此，被后世称赞为巾帼英雄、爱国女杰……然而，如果勾践复仇并未成功，吴国是被晋、齐、鲁、楚等国消灭的话，西施恐怕就不会有上述美名，而很可能被正统史学家、文学家打入"祸水"的行列。

呵呵，"成王败寇"，这是历史的发展规律。还是大诗人白居易的《忆江南》写得好：

江南好，风景旧曾谙；日出江花红胜火，春来江水绿如蓝。能不忆江南？

江南忆，最忆是杭州；山寺月中寻桂子，郡亭枕上看潮头。何日更重游？

江南忆，其次忆吴宫；吴酒一杯春竹叶，吴娃双舞醉芙蓉。早晚复相逢？

第三篇

典籍与园林

第十四讲 《周易》：
朴素辩证思想对园林的影响

《周易》是中国传统儒家经典之一，位列群经之首，

传说《周易》是由伏羲、周文王、孔子共同写成的，

其对立统一、变化相生思想是古典园林的理论根源。

一、群经之首《周易》及其思想

　　《周易》即《易经》，是传统经典之一，内容包括《经》和《传》两个部分。《经》主要是六十四卦和三百八十四爻（yáo），卦和爻各有说明（卦辞、爻辞），作为占卜之用。《传》包含解释卦辞和爻辞的七种文辞，共十篇，统称《十翼》。

　　传说《周易》是三位圣人共同写成的，这三位圣人是伏羲、周文王、孔子。相传，中国神话传说中人类的始祖伏羲最早创造了八卦，代表八种常见的自然现象；周文王将八卦推演成六十四卦；孔子为六十四卦作了注释，称为十翼，又叫《易大传》。

　　《周易》是中国传统思想文化中自然哲学与人文实践的理论根源，是古代汉民族思想、智慧的结晶，被誉为"大道之源"。内容极其丰富，对中国几千年来的政治、经济、文化等各个领域都产生了极其深刻的影响。

　　《周易》历来被视为儒家经典，位列群经之首。《周易》与儒家思想的渊源是显而易见的，特别是在《易传》中。《易传》是战国时期解说和发挥《易经》的论文集，其作者虽然还不确定，但有一点可以肯定，即他们是站在儒家立场上来解释《易经》的。

　　因此，《周易》的思想内涵在整体上是与儒家一致的，最明显的就是二者都对自强不息、奋发有为的进取精神十分推崇，对天尊地卑、贵贱不同的社会等级制度十分肯定，对中正和合、伦理道德等观念十分赞赏。

　　《周易》与道家也是互相影响的。例如，《老子》（即《道德经》）与《周易》的传承关系就十分明显，它秉承《周易》中天人合一的思维模式，发展了其阴阳辩证思维和整体超直觉性的思维方法，而这种辩证思维方式又对《易传》的形成产生了直接的启发作用。

　　因此，陈鼓应先生说："《老子》这本书在哲学史上第一次有系统地建立了一套完整的形而上学体系及独特的人生观。其自然观的形成，可上溯《易经》而下启《易传》，并成为《易传》哲学思想的主要骨干。"

　　此外，道家哲学中的许多概念也是源于《周易》的，如太极、气、阴阳等等。

中国后来的哲学思想发展，其基本的理论思维框架，很多都是采用《周易》的，如两汉易学、魏晋玄学，特别是宋明理学，如周敦颐的《太极图说》虽然接受了道家的影响，但其中"太极""阴阳"都是来自《易传》的。

不仅如此，中国古代各门艺术的发展也受到《周易》思想的影响。例如，总结音乐理论的《乐记》中就有不少地方运用了《易传》的观点，强调音乐和政治的关系，认为音乐的作用在于维持社会的和谐和等级秩序。

文艺理论上，刘勰（xié）在《文心雕龙》中提出的"风骨"概念，就是《周易》中"刚健""中正"等思想的延伸。

中国特有的象形文字的产生也是以《周易》中"象"的理论为根据的。至于绘画，则更是如此，因为它本身就与"象"有直接的联系。

《周易》对中国传统文化艺术的影响由此可见一斑。

二、"对立统一"思想与园林

《周易》最早最明确最系统最深刻地提出了"天、地、人三才之道"的伟大学说。所谓"天之道"就是阴阳之气；"地之道"就是柔刚之质；"人之道"就是仁义之德。书中以"三才之道"蕴含的三个对立统一体，穷尽物之理与人之性，强调人要效法天地，从而使人最终与自然规律相一致，即实现"天人合一"。

《周易》的卦象是由相反相成的阴爻和阳爻两个爻画构成的。由三画的爻组成八卦，又由六画的爻组成八八之数的六十四卦。其中除乾、坤两卦外，其余所有的卦象都包含了阴阳两种爻画。

这种阴阳爻画同处于一个卦体的现象，是古人对客观事物"阴阳相抱"的认识和反映，因此，阴爻和阳爻也是人们对天地万物都有阴有阳的认识的产物。

《周易·系辞上传》说："一阴一阳谓之道。"即认为阴和阳的对立统一、相反相成是宇宙间一切生命生成和发展的主要动因，阴阳变化规律是天地万物及社会人生的一个最普遍规律。《周易》由此将"阴""阳"这两个概念提升到一个前所未有的哲学高度，并赋予它们异常广泛的意义。

作为一种时空造型艺术，园林是以空间形态的塑造为基本表现手段的。在中国古典园林空间要素的组合中，常常显露出一种错综复杂的矛盾状态，并在园林形成的无穷深远的空间感中使这些矛盾得到统一。这种空间处理手段反映了中国人一贯的辩证思维，究其源头，则是《周易》辩证思想在园林中的具体体现。

（一）藏与露

中国古典园林的景观组织以含蓄为佳，总是欲显先隐、欲露先藏。

所谓"藏"，就是指视线无法达到的地方；"露"，就是视线未被遮隔的通透之处。

在中国古典园林中，景物藏与露关系处理的常用手法，是用花草树木或山石作为某一景点的屏障，使景物或藏于绿丛中、露于树梢之间，或隐于叠石之中、半显于山石之上。

如苏州环秀山庄，原是位于住宅之后的小园，仅有一屋两亭，如果坦露在视线中，必定让人感到索然无味，但由于山石嶙峋，乔木参天，特别是把建筑、亭台藏在山石、树梢之后，从而令人产生幽邃深远的感觉。

再如苏州狮子林中的卧云室，是一幢体量高大的楼阁建筑，如果屹立于四周空旷的平地之上，会令人肃然起敬；但它却隐藏在石林丛中，四周怪石林立，松柏遮天，仅有楼的一角从缝隙或树梢中显露出来，起到暗示的作用，同时增加了空间景深。

（二）疏与密

疏与密本身是一对矛盾，但中国古典园林都毫无例外地遵循了疏密相间的原则，在整体上使二者得到统一。

中国古典园林空间中的疏密关系，主要体现在园林空间景观要素，如建筑、山石、水体等的位置及它们总量的集合程度上。因为中国古典园林空间的排列以散点式布局为特点，因而更需要强调空间的疏密节奏，只有这样才能在无序中产生节奏感。

如苏州拙政园是比较典型的例子。其布局疏密自然，以池水为中心，水面广阔，楼阁轩榭建在池的周围，其间有漏窗、回廊相连，园内的山石、古木、绿竹、花卉，构成了一幅幽远宁静的画面。

而环秀山庄的空间布置则很像中国画的写意手法，北面"半潭秋水一房山亭""补秋山房"和"问泉亭"鳞次栉比，而又与体量巨大的假山组合在一起，可谓密不透风；园中和园南则只有"四面厅"和"有谷堂"，形式单纯，且地势平坦，视线开阔，空间舒朗。

（三）虚与实

《周易》认为，宇宙万物是变动不居的，而变幻无常的世界最显著的表现就是有生有灭，有虚有实。虚与实这对互补共存的矛盾关系也是园林设计思想的重要来源，这可以用清代文学家刘熙载《艺概》中的一句话来概括："按实肖象易，凭虚构象难。能构象，象乃生生不穷矣。"

"象"，是指作品中的艺术形象，是作者的主观情意与客观物象的有机结合的统一体；"按实肖象"，即按照生活中本来的样子去描摹，只求形似；"虚"，是与"实"相对而言，"凭虚构象"不只是指虚构想象，还包括在生活真实的基础之上所进行的概括化和典型化，创造出特有的艺术境界。

因此，刘熙载认为，构造形象应当虚实结合，才富有生命力和无穷的审美意味；而且创作中的概括化和典型化很需要独运匠心，花很大的精力。但后者却是不断地创造艺术形象的唯一正确的途径。

中国古典园林中的虚实辩证关系表现在很多方面。就造园要素而言，例如山与水，山表现为实，而水表现为虚。因为山厚重而凝炼，水清澈而轻灵。因此，园林中常常形成山环水抱的景观，利用水的清澈致远烘托出山石凝重、相辅相生的环境气氛。

总的说来，园林中的实景主要是建筑、山石、林木等等，而虚景主要是空间、光影、风月、声音等等，它们既对立又统一，缺少任何一方面都不能构成完美的园林景观。

三、"变化相生"思想与园林

《周易》卦象反映了矛盾双方的对立统一，然而这种统一不是静态的统一，而是动态的不断变化的统一。"易"的主要含义应是"变易"，《周易》本身就对变化持肯定态度，认为天地万物无时无刻不在变化，有变化才有生机。

《周易》的变化发展观念，为中国古典艺术独特的空间意识提供了理论根源。

宗白华先生指出，中国艺术的空间感是"凭借一虚一实、一明一暗的流动节奏表达出来"的，这种流动节奏，就是不断变化的空间本身。因为没有变化，就谈不上流动。

受这些艺术观念的影响，中国古典园林艺术也特别重视空间的流动和变化。

总的说来，中国古典园林空间结构的变化是通过"曲"反映出来的。因此，清代学者钱泳在《履园丛话》中所说："造园如作诗文，必使曲折有法，前后呼应，最忌堆砌，最忌错杂，方称佳构。"

以私家园林为例，在占地面积不大、空间有限，且地形起伏变化不大的限制下，为达到视觉感受上变化丰富和心理感受上深远的效果，造园家十分注重以丰富且充满变化的景观表现曲折幽深的空间层次。

其中尤以建筑及由建筑围合而成的空间所起的作用最为明显，特别是廊，它可长、可短、可直、可曲，极为灵活多变，借它的连接可使简单的单体建筑、墙垣、桥梁、道路等组合成极为曲折变化的景观空间。

《园冶》中说，廊可以"随形而弯，依势而曲，或蟠山腰，或穷水际，通花渡壑，蜿蜒无尽"。廊的曲折不仅意味着流线的曲折，而且也意味着空间的曲折性。

如拙政园东部的"柳阴路曲"，是蜿蜒于平地的空廊，其曲折的构成既复杂多变，又自然合度，它以垂柳为主要掩映物，在其间透迤穿插。而随着廊的曲折走向，眼前廊轩挂落、半墙坐槛、垂柳叠石，以及两侧美景的组合，都在不断变换画面，给人以移步换景的视觉体验和审美享受。

除了用廊造成曲折变化的空间外，有些古典园林还用建筑的穿插交错形成变化的空间，叫作"曲室"，顾名思义，它是弯曲变化的室内空间。曲室的佳例，莫过于留园东部，它借助于短廊把五峰仙馆、鹤所、石林小院、揖峰轩、还读我书处串连在一起，妙趣无穷。

　　此外，构成古典园林空间的其他因素，如山石、洞壑、水体、驳岸、路径、园桥、墙垣等，也都力求蜿蜒曲折，而忌讳平直规整。这在整体上反映了中国古典园林追求迂回曲折的自然空间形状的本质。

第十五讲 《论语》:
儒家思想对园林的影响

孔子是古代著名的思想家、教育家,儒家学派创始人,

《论语》是孔子及其弟子的语录结集,儒家经典之一,

其比德、中和、生态审美观对古典园林发展影响深远。

一、儒家经典《论语》及其思想

《论语》是孔子及其弟子的语录结集，由孔子弟子及再传弟子编写而成，至战国前期成书。全书共20篇492章，以语录体为主，叙事体为辅，主要记录孔子及其弟子的言行，较为集中地体现了孔子的政治主张、伦理思想、道德观念及教育原则等。该书是儒家学派的经典著作之一。

孔子（公元前551年9月28日～公元前479年4月11日），本名孔丘，字仲尼，春秋末期鲁国陬邑（zōu yì，今山东曲阜）人，中国古代思想家、教育家，儒家学派创始人。

孔子开创了私人讲学之风，倡导仁义礼智信。他有弟子三千，其中贤人七十二。他曾带领部分弟子周游列国十三年，晚年修订《诗》《书》《礼》《乐》《易》《春秋》六经。

孔子被后世统治者尊为孔圣人、至圣、至圣先师、大成至圣文宣王先师、万世师表，其思想对中国和世界都有深远的影响。

儒家思想，是先秦诸子百家学说之一，也称为儒教或儒学，由春秋时期孔子创立、孟子发展、荀子集其大成，之后延绵不断，成为中国传统文化的主流，影响深远。

儒家思想倡导血亲人伦、现世事功、实用理性、道德修养，其中心思想是仁、义、礼、智、信、恕、忠、孝、悌，其核心是"仁"。

儒家文化以"仁爱"为核心思想，以"爱人"为根本，从而实现个体和社会的和谐统一；同时，礼乐文化，又是森严的等级伦理制度，在这种自上而下的伦理秩序下，形成了井然有序的和谐社会氛围。

建立在"仁爱"之上的儒家美学，通过对自我品格的修养，以达到爱人的目的，即追求人格美是儒家审美情怀中的崇高目标。

儒家思想经历代统治者的推崇，以及历代学者的传承和发展，对中国文化的发展起了决定性的作用，在中国文化的深层观念中，无不打着儒家思想的烙印。

二、"比德审美"观与园林

儒家思想映射到社会上，表现为有远大理想抱负的年轻人，都会以"修身、齐家、治国、平天下"为自己的人生信条；而修身是儒家文化的根本立足点，不管将来的前程如何，自我品格的修养都是人生不可逾越的过程。也就是说，不管未来是穷困还是发达，儒家视自身品行道德修养为至高境界。

这种崇高的人生境界，儒家试图通过伟大的自然来印证。因此，从自然界中寻找美好的事物，象征高尚的人格之美，就成为儒家审美文化的典型表现。这促进了儒家"比德思想"的形成，并对中国古典园林的主题思想产生了深远的影响。

所谓比德，是指以自然物（山、水、松、竹等）的某些特点，使人联想起人的道德属性，借助人的道德品格、情操的象征，赋予自然物以道德意义。

《论语·子罕》中子曰："岁寒，然后知松柏之后凋也。"儒家教育的典型特色就是引用生活中的自然现象，来说明深刻的人生哲理，从而形成儒家比德自然的审美思想。

比德审美观主要包括如下两个方面：

第一，山水比德。

孔子的"仁者乐山、智者乐水"，为山水赋予了仁爱与智慧，以山水形容仁者和智者，形象生动而又深刻。

仁者，就是仁慈宽厚的人，这样的人做事守规矩，仁慈宽容而不易冲动，其安静的性情就像山一样稳重，所以用山来进行比拟。

智者，就是有大智慧的人，其思维的活跃与流动性，就像水一样不停地流动，所以用水来进行比拟。

这里的山水品性，其实是仁者和智者都具备的伟大品格。也就是说，仁者智者所追求的是山水之乐。

山水各有千秋，仁爱与智慧都是我们的追求，即使力不能及，也要心向往之。这是中国山水文化的核心，也形成了我们对山和水的特定思维。

当园林要素中的山水，被赋予仁爱和智慧的主题时，更代表了一种典型的文化性，让园林与文化联系起来了。中国的山水园林，便是仁爱与智慧的象征。

第二，植物比德。

在植物审美方面，儒家思想注重植物自然属性中所体现出来的人类美德。当植物习性显现出和人类高尚的道德情操一致时，这样的植物，就具备了美的品格，成为人们寄托完美人格的对象，从而大加颂扬。

例如，古人把梅、兰、竹、菊尊称为"花中四君子"，就是一种典型的植物比德方式。

梅花，冰肌玉骨、凌寒留香、美丽绝俗，而且具有傲霜斗雪的特征，是坚韧不拔的人格的象征。

兰花，一则花朵色淡香清，二则多生于幽僻之处，故常被看作是谦谦君子的象征。

竹子，即使在寒冷的冬天也绿意盎然，且自成美景，它刚直、谦逊、不亢不卑、潇洒处世，常被看作高雅人士的象征。

菊花，不仅清丽淡雅、芳香袭人，还在百花凋谢之后怒放，不与群芳争艳，故历来象征恬淡自处、傲然不屈的高尚品格。

此外，中国画中，常将松、竹、梅称为"岁寒三友"；而"五清图"是松、竹、梅、月、水；"五瑞图"是松、竹、萱、兰、寿石；苏东坡还提出了"三益之友"——梅、竹、石，等等，这些案例都是比德思想的具体体现。

在我国古典园林中，特别重视寓情于景，情景交融，寓意于物，以物比德。人们把作为审美对象的自然景物看作是品德美、精神美和人格美的一种象征，这是儒家精神的理想投射。如人们将梅、兰、竹、菊、松、莲等作为高尚品格的象征，栽植在房前屋后，与自身人格品性形成比照附会，达到修身养性的目的。

这种个性化人格的比照审美，也促进了园林的特色性和文化性的建构，成为园林景观的理想表现手法。

三、"中和审美"观与园林

儒家追求和谐的审美理想和审美的哲学基础——"中庸"之道，这决定了儒家的审美趣味必然是追求"中和之美"。

战国子思的《中庸》里说："致中和，天地位焉，万物育焉。"意思是，达到了中和，天地便各归其位，万物便生长发育了。在孔子看来，适中才是最美的存在状态。

"中和"是中国古代思想史和文化史上的一个重要范畴，它表现出一种中国特色的文化和艺术，也就是"发乎情"，又"止乎礼"的"中和之美"，体现在园林景观中是形式上的对称、均衡和内容上的折中性。

建立在儒家伦理道德之上的中和美学，缔造了威严、雄伟、权力、地位等精神象征。当园林景观的精神内核要求基于一种这样的文化时，中和之美就体现出巨大的适用性。例如政府机构、法律机构等端庄、严肃的场所设计就采用这种方式。

中和之美的折中性是指在设计的内容和手法上，不追求过分跳跃的激动美，始终坚守着理性化思维的接受度，让人的情感处于一种温和舒适的状态。

现代科学研究证明，人的精神如果长期处于高度兴奋与紧张状态时，容易产生疲劳、早衰等不利影响。人类性情的高度和谐性有赖于一个和谐环境的熏染。

儒家文化的中和审美观，表现在园林里是丰富多样的。

首先，在园林色彩搭配上，无论是私家园林中黑与白的强烈对比，还是皇家建筑中的金碧辉煌，都与当地的地域自然特色和文化背景相协调，统一于儒家的伦理道德体系之中。

其次，在园林建筑形式上，各种功能、形状不同的建筑形式，经常出现在同一个园林环境中，并相互呼应，彼此贯通，构成一个"和而不同"的园林主题。

最后，在园林要素构成上，古典园林一直与诗、书、画结下不解之缘，三者统一于园林之中，形成诗情画意的境界，正符合儒家"中和"审美智慧——包容、接纳美好的一切。

四、"生态伦理"观与园林

我国是传统农业大国，农耕经济是中国传统文化产生和发展的经济基础，儒家文化是建立在农业文明之上的。

从古代帝王祭祀社稷（土、谷二神），到后来用"社稷"代表国家，一直贯穿中国几千年的儒家传统文化，是建立在人与环境基础上的，儒家文化饱含着人与自然的生态审美传统。

儒家文化中的生态美表现为人与人、人与环境之间的协调平衡性，并且有着完整的建立于伦理道德之上的生态文化体系。

最近几十年来，科学技术飞速发展。但科技进步是把双刃剑，带来经济繁荣和生活便利的同时，也给人类的生存和发展带来环境污染、生物多样性降低等消极后果。

自然本身有自己的规律性和周期性，人类必须遵从自然规律来生存。当科技忽视了自然，最终深受其害的还是我们人类自身。

儒家的生态伦理观历经了几千年，还依然折射出灿烂的生态智慧光芒，对当代园林设计具有极大的启发意义。

孔子对于自然界以其内在规律悄然孕育万物的能力非常敬畏，《论语·阳货》中子曰："天何言哉？四时行焉，百物生焉。天何言哉！"四季的轮回、万物的生长都有其运行轨迹和规律，这种力量非人力所能干涉。

孔子还意识到适度消费的重要生态价值，主张"钓而不纲，弋不射宿"（《论语·述而》），意思是说，只用竹竿钓鱼，而不用网捕鱼；只射飞着的鸟，不射夜宿的鸟。这充分表现了孔子适可而止、不过度消费的生态情怀。

孟子也有相似的言论，《孟子·告子上》中说："苟得其养，无物不长；苟失其养，无物不消。"意思是说，如果能得到滋养，任何生物都能生长；如果失去了滋养，任何生物都要消亡。

孟子注意到：人类对自然资源的过度消费和连续性破坏，已经严重超出自然的可承受范围，破坏了自然界生息繁衍的内在规律，使其自我修复能力丧失，这样的过度消费当然会"无物不消"。

可见，基于儒家伦理传统下的农耕文化是一种善的文化，它形成了人与人、人与自然之间良好的生态和谐关系。

今天，生态危机已成为全球性问题。解决这个问题，不仅要在技术层面探索更多治理手段，更重要的是解决人们的思想观念问题。

生态危机的实质是文化危机。人类要克服生态危机，继续生存下去并进一步繁荣发展，就必须抛弃以人类为中心、人与自然对立二分的理念，反对盲目强调人是自然的主宰，反对为所欲为地征服和掠夺自然。在这个问题上，儒家主张协调人与自然关系的"天人合一"思想是可资借鉴的理论源泉。

第十六讲 《道德经》: 道家思想对园林的影响

老子是古代著名思想家、哲学家，道家学派创始人，其《道德经》提出"道法自然、天人合一"宇宙观，神仙信仰、道家朴素辩证思想对古典园林影响至深。

一、道家经典《道德经》及其思想

《道德经》，春秋时期老子的哲学著作，又称《道德真经》《老子》《五千言》《老子五千文》，是道家哲学思想的重要来源。

《道德经》以哲学意义之"道德"为纲宗，论述修身、治国、用兵、养生之道，而多以政治为旨归，乃所谓"内圣外王"之学，文意深奥，包涵广博，被誉为万经之王。

据联合国教科文组织统计，世界上几千年来被翻译成外文而广泛传播的著作，第一是《圣经》，第二是《道德经》。还有一项统计，被公认为哲学素养最高的德国，《道德经》几乎每家一册。可见老子思想在中国乃至世界传统文化中的重要地位。

老子，姓李名耳，字聃，春秋末期人，生卒年不详，是中国古代思想家、哲学家、文学家和史学家，道家学派创始人和主要代表人物。

老子思想对中国哲学发展具有深远影响，其思想核心是朴素的辩证法。在政治上，老子主张无为而治、不言之教。在权术上，老子讲究物极必反之理。在修身方面，老子是道家性命双修的始祖，讲究虚心实腹、不与人争的修持。

道家是春秋战国时期诸子百家中重要的思想学派之一，以老子、庄子为代表。春秋时期，老子集古圣先贤之大智慧，总结了古老的道家思想的精华，形成了道家完整的系统理论，标志着道家思想已经正式成型。

道家用"道"来探究自然、社会、人生之间的关系，提倡道法自然，无为而治，与自然和谐相处；道家思想核心内容无所不能、永恒不灭，蕴含了辩证法因素和无神论倾向。

老子的智慧从"道"开始，《道德经》的核心就是一个字——"道"。道，先天地而生，是一切生命和存在的源泉；周而复始，是一切变化中永恒不变的东西；它无所不在，无所不包，生生不息的宇宙和五彩缤纷的自然都是"道"的展现。

"道"是统摄宇宙自然的总法则，有自己独特的运行方式，"和谐"是最基本的法则之一。从宇宙自然到人类社会，再到人世间的芸芸众生，和谐意味着相互协调和美好，它是终极目标。

"天之道即是人之法"，自然法则应当是人类的行为规范。"道"是宇宙之本，"德"是道的体现。道赋予每个人以生命，生命的完美就是道的反映。"人效德而行，寻道所趋"，将自己的行为与天地万物的运行规律融为一体，就可达到修身的目的，也就是道家所说的"天人合一"，这样就可以实现最终的和谐。

千百年来，老子和《道德经》的智慧无时无刻不影响着中国人的生活，它对中国人的民族性格和民族精神产生了巨大的影响，以《道德经》为基石的道家文化为中国人提供了一种生存哲学和思维方式。

道家的"人法地，地法天，天法道，道法自然"的自然观、"天人合一"的宇宙观、古老而朴素的辩证思维方式，以及道家的"神仙信仰"，都淋漓尽致地体现了道家对生命的态度、处理问题的方式方法，以及毕生追求的终极目标，而这一切对我国古典园林乃至现代园林的发展都具有极其深远的影响。

二、"道法自然"思想与园林

道家的"道法自然"哲学思想蕴涵着人类崇尚自然美的美学内涵，反映出人类追求自然美的艺术精神。

从这个意义上说，园林是为了补偿人们与大自然环境的相对隔离，而人为创造的"第二自然"，它们并不能提供维持人们生命力的物质，但在一定程度上能够代替自然环境，来满足人们生理和心理方面的各种需求。

周维权先生在《中国古典园林史》中，对中国古典园林的特点进行了总结：即"本于自然、高于自然""建筑美与自然美的融糅""诗画的情趣""意境的涵蕴"4个方面。这四大特点是中国古典园林自成体系、独树一帜的主要标志，其中最重要的就是"本于自然、高于自然"，这便是道家"道法自然"思想的体现。

明代造园家计成在《园冶》开篇提出"虽由人作，宛自天开"的造园最高追求，意思是："园林虽是人工创造的艺术，但它呈现的景色必须真实，就好像是自然生成的一样。"

在古代造园过程中，"道法自然"成为园林创作的重要原则，而"师法自然"是先人们最主要的园林创作手法。

自然风景中的山、水和植被，都成为古典园林的构景要素。但中国古典园林绝非单纯地利用，或者简单地模仿这些构景要素的原始状态，而是有意识地加以改造、调整、加工、剪裁，从而表现出一个更加精练、概括、典型的自然，力求达到"虽由人作，宛自天开"的艺术效果。

三、"天人合一"思想与园林

"天人合一"思想是中国古代哲学中关于"天人关系"的重要思想，它最早可以追溯到周代，是从当时人们将天命和人事相联系的礼教思想中衍变而来的。

儒、释、道三大思想体系尽管在具体观念上存在差异，但都将"天人合一"看作处理"天人关系"的基本准则和至高境界，儒家、佛家、道家在比肩对立、相伴而行的过程中，都对"天人合一"有所阐释，共同点在于三家都提倡对自然、生态的尊重和爱护，差异性在于对"天"含义的认识不同。

道家的"天"所指的是大自然。因此，道家"天人合一"思想是以自然为依归，遵循"道"的原则，主张"自然、无为"，道法自然，肯定了自然界的规律性及生命价值。

在儒家哲学范畴中，"天"不单纯是自然规律的象征，更是社会人事法则的道德标杆。因此，儒家的"天人合一"观主要指的是人与义理之天、道德之天的合一，贵"天道"而达人事。

佛家的"天"与儒、道两家截然不同，指的是与人的世界相对立、没有人世间一切苦难的另一个世界。佛教认为世间皆苦，痛苦的根源在于人们的贪欲之心，人们要摆脱这些痛苦，就要通过"戒、定、慧"修行，积大功德，这样才能按功德进入天国，实现"天人合一"。

可见，儒家的"天人合一"思想主要是追求人与人、人与社会之间的和谐；佛家的"天人合一"思想主要追求人与自身的和谐，以求得心灵的平静；而道家的"天人合一"思想则主要追求人与自然的和谐。

因此，"天人合一"思想的主旨就是以"和谐"为本。在季羡林先生看来，"天人合一"的思想是东方文明的主导思想，他对该思想的全新解释为："天，就是大自然；人，就是人类；合，就是互相理解，结成友谊。"

道家所提倡的"天人合一"就符合季羡林先生的观点。它在园林方面的主要体现，就是人与自然的"和谐"，表现出一种合理的人与自然之间的关系，充分体现了道家主张顺应、尊重自然规律，与大自然和谐共处的哲学思想。

中国工程院院士、北京林业大学孟兆祯教授指出："风景园林规划和设计必须要有一个科学的宇宙观和文化总纲"，他认为这个纲就是中华民族几千年来形成和不断完善的"天人合一"思想，就是自然与人的和谐统一。

正是在这种思想的影响下，作为人类创造的"第二自然"的园林，尤其是中国古典园林，特别推崇园林自然天成的境界。无论园林基地的选址、园林景观形式、景观节点的布置，还是园林建筑营造、园林植物配植等方面，均体现了"天人合一"思想，从而创造出令世人惊叹的中国自然风景式园林。

"天人合一"哲学思想对现代园林建设具有极大的指导意义——师法自然、以人为本，使人与自然和谐相处，实现生态、经济和社会的可持续发展，应成为现代园林设计必须遵循的基本原则。

四、"神仙信仰"与园林

道家的"神仙信仰"深深地根植于我国远古先人的心中，对中国古典园林产生和发展的影响也极为深远。

最早见于文字记载的中国古典园林形式是"苑囿"，其中主要的建筑物是"台"。"台"就是用土堆筑而成的方形高大建筑物，其最初功能是用来登高，以观天象、通神明。运用到造园中，"台"增加了登高望远、便于欣赏风景的"游赏"功能。

许多有关神仙和仙境的传说，为后世园林规划设计提供了蓝本，这在秦汉仙苑式皇家园林中体现得尤其充分。

在这些玄妙的神话传说中，以"昆仑山"和"东海仙山"二者最为著名。前者中的"玄圃""瑶池"等成为人们向往的仙境，同时也成为古代造园师们为营造人间仙境而频频模仿的蓝本；后者的"蓬莱、方丈、瀛洲"则开创了中国古典园林中"一池三山"的经典造园模式。

无论是西汉的上林苑和建章宫，还是隋唐时期的西苑，抑或是宋代所建的著名皇家园林——艮岳，无不具备古典园林的特殊功能——通神、求仙，表达了古人对长生不老和人间仙境的向往。

这种独具东方特色的"一池三山"园林营建模式便成为历代皇家园林的主要模式，一直延续到中国封建社会结束。

五、道家朴素辩证思维与园林

道家哲学在认识自然大道时，处处体现出辩证统一的思维模式，认为任何事物都有其对立面的存在，并相互转化，形成令自然循环往复的"道"。

《道德经》中说："故有无相生，难易相成，长短相形，高下相倾，音声相和，前后相随，恒也。"老子在认识自然的时候，既看到了事物的共性一面，又看到了事物的对立面，并把"有无""难易""长短""高下""音声""前后"等所有的对立面统一起来，从而达到"万物负阴而抱阳，冲气以为和"的和谐审美境界。

可见，道家辩证思维鲜明地指出了世间万物之间相互依存、相互作用的关系，论述了对立统一是永恒而普遍的规律，这种朴素辩证思维对中国园林艺术的影响很大。有无、虚实、内外、大小、高低、开合（旷奥）、抑扬、疏密、藏露（显隐）、曲直、主从、刚柔、动静、阴阳、形神等对比手法，普遍运用于我国园林艺术创作过程中。

中国古典园林艺术的核心内涵就在于"境生象外"的意境魅力，园林中的审美意境往往在物象之外，需要鉴赏者领悟其中的精神之美。它的根本特征便是"无""虚""空"，这与道家"无中生有""有无相生"的哲学思想不谋而合。"有"为实、"无"为虚，道体为实、道性为虚，彼此阴阳相对、虚实相合。

中国园林营造高度重视人和自然的亲和，使游人触景生情，达到情景交融，使自然意境给人以启示和遐想。而"虚实相生""内外借景""小中见大""高低错落""开合有致""欲扬先抑""藏而不露""疏可走马、密不透风"等，是园林结构布局、空间组织、节点布置、植物配置的常用手法，使中国园林更具有含蓄性和趣味性，独具东方韵味。

第十七讲 《墨子》：
墨家思想对园林的影响

墨子是古代著名思想家、军事家，墨家学派创始人，

《墨子》包括墨子自著和弟子记述墨子言论两部分，

其兼爱、非攻、节用思想有助于现代园林景观设计。

一、墨家经典《墨子》及其思想

《墨子》是战国百家争鸣中墨家的经典，提倡兼爱、非攻、尚贤、尚同、天志、明鬼、非命、非乐、节葬、节用，涉及哲学、逻辑学、军事学、工程学、力学、几何学、光学，先秦的科学技术成就大都依赖《墨子》得以流传。

现存《墨子》一书，由墨子自著和弟子记述墨子言论两部分组成，宋朝遗失较多。至清代编《四库全书》时，仅存五十三篇。文章由小到大、多方比喻、逐层推理；语言质朴无华，造句遣词口语化。

墨子（生卒年不详），名翟（dí），春秋末期至战国初期人。墨子是宋国贵族目夷的后代，曾担任宋国大夫。他是墨家学派的创始人，也是战国时期著名的思想家、教育家、科学家、军事家。

墨子是中国历史上唯一一个农民出身的哲学家，他作为社会底层劳动者的代表，其思想受到平民的广泛认可，成为当时与儒家思想平分秋色的墨家学说，并被韩非子评价为"世之显学，儒、墨也。"在当时的百家争鸣中，有"非儒即墨"之称。

相对于亲疏、礼乐的儒家精神教化，墨子更为关注"饥者不得食，寒者不得衣，劳者不得息"等社会难题，核心思想"兼爱"从维护小生产者的利益出发，具有不分等级的平等、互利的进步性；他针对自然和礼乐的"节用"思想，以经济实用为标准，反对奢华，强调事物的"先质而后文"，具有显著的功能主义特征……

国学大师胡适认为，借助于墨学，既能挣脱儒学的枷锁，又能从其中找到移植西方哲学的土壤。

墨子思想中隐含的设计思想与当今社会倡导的可持续发展观十分契合。墨子提倡的"兼爱""非攻""节用"等思想因为与当时社会不适宜而被统治阶级丢掉，而这些思想所具有的长远价值，是对儒家思想的匡正和补充，有助于中国现代园林设计挣脱"抄袭"西方的枷锁。

因此，发展中国特色的现代园林设计理念，必须要看到墨子思想与园林设计的联系。

二、"兼爱"思想与园林

《墨子》的核心思想是"兼爱",从个人、家庭、国家等多层次、多角度,君臣、父子、兄弟等多重关系中论述人人平等、相爱相利对于天下的重要性,提倡平等互利的相处原则。

区别于孔子"仁爱"的亲疏薄厚,墨子认为,"兼爱"确实能使天下产生大利,"兼"在这里作为形容词对"爱"进行了限定——兼顾、整体、平等,即只有社会环境中所有的人、家、国平等相处、互利互爱,才能达到天下的和谐统一。

"兼爱"思想与现代园林设计理念最为相关的是设计者的"生态伦理意识",即生物圈是一个有机的整体,人类和其他所有生命个体都平等地生存并繁荣在地球上。

"兼爱"思想不仅包含了追求融入自然的外在形式,更强调设计者应追求一种互利共生的生态原则,在进行园林设计时,平衡各自然要素的比例、位置、搭配形式,运用自然规律,引导自然过程发挥作用,以达到相互得利、相互促进的自然状态。

三、"非攻"思想与园林

《墨子》"非攻"的反战观点论述了人、家、国之间相互侵犯的危害,以及"互攻"给人类社会和自然环境带来的巨大破坏。

《墨子·非攻下》中说:"入其国家边境,芟(shān)刈其禾稼,斩其树木,堕其城郭,以湮其沟池……意将以为利天乎?"墨子采用反问的语气强调了侵入别国边境,割掉谷物、砍伐树木、摧毁城墙、填平沟渠等破坏和谐平等的行为是不利于天下的。

"非攻"作为达到"兼爱"目的的一种途径,为现代园林设计提供了一种新的设计策略——"零介入"。

在现代园林设计初期,一次性就达到人与自然的和谐共处相对困难，需要依赖完全独立的手段，来实现多种自然元素的和谐共处。

这种策略下的园林可称之为"低影响园林"，即在现代园林设计中，通过最少的场地介入、最低的环境干预，暂时将设计对象完全封闭，或与人们的日常生活相隔离，用较为原始、自然的设计手法针对其内部进行规划设计而成的园林景观。

目前可以采取这种园林形式的场地大概分为两类：一是建造在人类活动范围之外，非日常活动可以到达的地点，如屋顶花园、生态岛；二是边界清晰，可人工将其封闭的地区，如建筑中庭、天井。

这种"低影响园林"的建立是探寻融合、共生道路的起步阶段，不仅能够营造优美的园林视觉中心，更能引起人们对自然变化的关注，同时将自然界的动、植物引入人的日常生活，使它们与人相互适应、共同生存，并逐渐模糊封闭的边界，从而达到互利共生的自然状态。

四、"节用"思想与园林

（一）先质后文的功能美学

人类的美学历程从远古图腾时代的意识冲动，到青铜时代更深远的精神和思想，中国的古典审美与精神、道德的关系一直十分紧密。

"文质的关系"是中国古典美学的逻辑起点，"文"是指对象外在表象的文饰，"质"是指对象的功能实质，《墨子》提倡"先质后文"的功能美学。

《墨子·节用上》篇中以衣裘之质为"冬以圉（yǔ，控制之意）寒，夏以圉暑"、宫室之质为"冬以圉风寒，夏以圉暑雨"、甲盾之质为"以圉寇乱盗贼"、舟车之质为"车以行陵陆，舟以行川谷，以通四方之利"为例，论述了衣裘、宫室、甲盾、舟车的建造目的是发挥其不同的功能以利民，这是对"先质"的直接表述。

保质是第一标准，求文是质的升华，《墨子》强调物质需求与精神需求的高度统一。《墨子·经上》中说："生，刑（形）与知处也。"就是说，生命是形体与心智的结合，人体的自然属性与精神属性共同构成完整的生命。

因此，《墨子》进一步论述了"故食必常饱，然后求美；衣必常暖，然后求丽；居必常安，然后求乐……先质而后文，此圣人之务。"表明在食物满足温饱、衣服满足保暖、住所满足安稳的功能保障下，人们可以追求精美、华丽、愉快的精神享受，真正把功能至上的理念升华到功能美学的高度。

在生产力相对低下的年代，墨子出于利万民、利天下的追求，明确提出了"先质"的思想，即首先满足功能需求，进而发展"后文"的设计观，即其次满足审美需求。这种先质后文的功能美学与一战后欧洲提出的"功能主义"极其相似，对中国的现代园林设计，具有极强的理论指导意义。

当今的园林景观涉及人们生活的方方面面，现代园林的功能主义目标是为了满足人的使用，而现代园林的使用功能可细分为直接使用功能和间接使用功能，其中，直接使用功能是指园林空间本身能够满足人们的活动需求；间接使用功能指植物、山石、土壤、水体等园林要素本身具有的净化自然环境的功能等。

因此，在进行现代园林设计时，设计者应以满足人的直接和间接使用功能为主要目标，这是保证"质"的满足；其后，再赋予场地以人文情怀，细致刻画园林景观的视觉效果，以营造出美的游憩境域，以此达到"文"的设计升华。

（二）低成本的经济思想

贯穿《墨子》"先质后文"功能美学的是其"节用"思想。

以当时的经济状况来看，《墨子》所追求的"文"并不是"鹿台糟丘，酒池肉林，宫墙文画，雕琢刻镂，锦绣被堂，金玉珍玮"的奢靡，他坚决反对耗费百姓保质之财来满足君主享乐之文。

"节用"的经济思想在倡导建设节约型社会的今天具有极大的现代价值，在园林建设过程中，高昂的投资成本不一定都能收获相应社会价值，繁华的雕饰、艳丽的图案、高档的材质、抽象的艺术表达也未必全部被大众所欣赏。

成本降低并不意味着品质的下降，盲目地照搬繁华的古典园林形态进行廉价的材料替换和粗糙的施工，不仅不是"节用"，更是对古典园林的亵渎。

《墨子》"节用"的指导是去除"加费不加于民利者"（《墨子·节用中》），即去除"增加财力的损耗而没有增加有利于人民使用的部分"。这种策略下的园林可称之为"节约型园林"。

简而言之，所谓节约型园林，就是指"以最少的地、最少的水、最少的钱、选择对周围生态环境最少干扰的园林绿化模式"。

节约型城市园林绿地建设是一个错综复杂的课题，需要综合考虑多方面因素。在宏观上，它涉及公园绿地、防护绿地、广场用地、附属绿地、区域绿地等不同绿地类型；中观上，每个园林绿地建设项目均涉及到立项策划、规划设计、施工建设和运营维护等不同阶段；微观上，又涉及各种节地、节土、节水、节能、节材、节力等具体技术措施。

可见，节约型园林涉及方面广、关注内容多，包括了园林绿化的方方面面，所以必须全社会共同树立节约的观念，依靠生产力发展和科技进步，不断探索和推广。

第十八讲 《荀子》:
朴素生态思想对园林的影响

荀子是古代著名思想家、文学家，儒家思想集大成者，

《荀子》是荀子和弟子们整理或记录他人言行的文字，

要求合理保护与利用自然资源，重视农时与农业生产。

一、儒家经典《荀子》及其思想

《荀子》是战国后期儒家学派最重要的著作，全书共32篇，是荀子和弟子们整理或记录他人言行的文字，但其观点与荀子的一贯主张是一致的。

《荀子》一书内容广博，意旨精深，擅长说理，组织严密，常用排比句增强议论的气势，语言华丽精炼，有很强的说服力和感染力，既体现出荀子所处时代政治和现实的特点，也彰显了作为集先秦学术思想大成者的学术风貌。

荀子（前313年～前238年），名况，字卿，著名思想家、文学家、政治家，战国后期赵国人，西汉时因避汉宣帝刘询讳，而"荀"与"孙"二字古音相通，故又称孙卿。

荀子五十岁时在齐国游学，曾三次出任齐国稷下学宫的祭酒，因受人诬陷而罢官来到楚国，出任兰陵（今山东兰陵县）县令。后来失去官职，赋闲在家著书立说，著名学者韩非、李斯都是他的学生。

荀子是一位儒学大师，在吸收法家学说的同时发展了儒家思想。他尊王道，也称霸力；崇礼义，又讲法治；在"法先王"的同时，又主张"法后王"，他提倡既要效法古代圣明君王的言行、制度，也要效法近代和当代君王那些在现实政治中产生了积极有效作用的措施与方略。

孟子创立了"性善论"，强调养性；而荀子主张"性恶论"，否认天赋的道德观念，强调后天环境和教育对人的影响。这些都说明他与嫡传的儒学有所不同。他还提出了人定胜天、反对宿命论、万物都循着自然规律运行变化等朴素唯物主义观点。

《荀子》一书中提出了很多朴素的生态伦理思想，对当时乃至后来城市与园林的发展都产生了很广泛的影响。

二、正确认识人与自然的关系

人与自然的关系历来都是哲学家和思想家关心的基本问题，现代国学大师钱穆先生曾说："中国文化过去最伟大的贡献在于对'天''人'关系的研究。"

造成一系列生态环境问题的本源是人类对人与自然关系问题的错误认识。荀子也认识到，解决生态环境问题的根本，就在于正确看待和处理人与自然关系这个关键问题，因而他提出了相关理念。

（一）"不与天争职"

荀子认为，一方面，人不应该"与天争职（能）"，因为天的运行是不以人的意志为转移的。另一方面，人具有能动性，人在自然界面前必须发挥其主观能动性，认识、掌握和运用自然界的运动变化及其规律为人类造福。

这一思想有如下要点：

第一，"知天"与"不求知天"。

人是自然的产物，人类的生存与发展都受到自然界的制约，君子要"（治）理天地"，就必须了解和重视与人事息息相关的"天"，控制和改造自然为人类造福。这样就需要"知天"。

但是，由于天的这种职能道理十分深奥，内涵十分广博，蕴义十分精妙，所以不必去琢磨、思索、考察它，不然就是"与天争职"。

第二，人能"知天"。

首先，人具有认识世界的能力。"凡以知，人之性也；可以知，物之理也。"意思是说，能够认识事物，是人具有的天性；可以被了解，是事物存在的理由。因此，万事万物都是可以被人认识的。

其次，人具有改造世界的能力。荀子认为，人们把握了自然界的客观规律，就可以预测天气，因地制宜地繁殖作物，按照节气变化安排农事，遵循阴阳协调的道理来治理万物。

可见，人具有认识世界和改造世界的能力。

（二）"制天命而用之"

荀子在对天和人作了种种论述后，提出了"制天命而用之"的思想。

他认为，推崇天不如顺应、利用天；顺应和颂扬天不如掌握规律而运用它；等待天的恩赐不如顺应时节而使用它；依靠万物的生长来繁衍不如施展人的才华来改造万物。

总之，自然界的恩赐是有限的，它不能一味地满足人类的需要，人应该发挥自身的主观能动性，积极地利用天时地利，去控制、改造自然，从自然界获取财富，使自然为人的利益服务。

三、正确处理人与自然的关系

生态伦理学的重要内容之一，就是如何处理人与自然的关系问题。荀子认为，要保持生态平衡，就要正确处理人与自然的关系。为此，必须做到以下几点。

（一）"不夭其生，不绝其长"

荀子在人类长期的生产和生活实践中，认识到人离不开自然，自然是人类的生存之本。"夫天地之生万物也，固有余足以食人矣；麻葛、茧丝、鸟兽之羽毛齿革也，固有余足以衣人矣。"充分肯定了自然资源是人类赖以生存和发展的物质基础。

所以，他提出保护自然资源首先就要使其自然繁殖生长，注重资源的持续存在和延续发展。

在山林资源方面，他提倡在林木发芽、生长的阶段，严禁采伐林木，以此来保护小树的生长，做到"草木荣华滋硕之时，则斧斤不入山林，不夭其生，不绝其长也。"

在动物资源方面，他提倡在动物孕育、哺乳的阶段，严禁捕捞、宰杀，做到"鼋鼍（yuán tuó，指巨鳖和扬子鳄）、鱼鳖、鳅鳝孕别之时，罔罟（wǎng gǔ，指渔网）毒药不入泽，不夭其生，不绝其长也。"

为了更好地保护动植物的生长，荀子认为圣王要给予人们利用自然方面的优待，"山林泽梁，以时禁发而不税。"在山林和湖泊，按照时节关闭和开放而不征税，使山林湖泊得以充分休养生息，以利于万物生长。

（二）"斩伐养长不失其时"

荀子指出，对于自然万物不仅要"不夭其生，不绝其长"，更要做到"斩伐养长不失其时"，也就是要伐木和种树同时进行，做到用养结合。"养长时，则六畜育；杀生时，则草木殖"。也就是说，喂养适时，六畜就繁育；伐种适时，草木就繁殖。

具体而言，春夏两季为林木萌发、生长的季节，又是动物孕育哺育的阶段，因此，严禁在春夏两季砍伐树木，捕捞、斩杀动物。而秋冬两季为林木的生长停滞期，也是动物的成熟时期，因此，只有秋冬两季才能进山采伐树木、捕猎动物。

顺应动植物生长繁育的规律，把滋养和取用结合起来，合理地利用万物，从而有效地保护生态。

（三）"罕兴力役，勿夺农时"

在荀子所处的时代，人们已经认识到，农业生产与自然是息息相关的。

一方面，人类的生产活动不断地从自然界获取物质和能量以满足人类需要；另一方面，人类的生产活动又会将消费过的物品不断地排放到自然界中去，这些排放物可能会起到物质循环的作用，也可能会污染和破坏自然环境。

因此，在生产活动中同样需要"不违农时"，做到"因时制宜"。

荀子认为，只有遵从农时才可能保证农业丰收，为国家积聚物质财富，即"百姓时和，事业得叙者，货之源也。""下贫，则上贫；下富，则上富。故田野县鄙者，财之本也；垣窌（jiào）仓廪（lǐn）者，财之末也。"意思是，民众贫穷，那君主就贫穷；民众富裕，那君主就富裕。郊外的田野乡村，是财物的根本；囤粮的地窖、谷仓、米仓，是财物的末梢。因此，要重视农时、重视农业生产。

怎么做到因时制宜、重视农时呢?

荀子指出，首先，应按照四季变化进行农业生产，"春耕、夏耘、秋收、冬藏，四者不失时，故五谷不绝，而百姓有食用"。其次，"省商贾之数，罕兴力役，无夺农时，如是，则国富矣"。意思是，统治者只有减少商人的数量，少兴建劳役工程，不夺农时，这样，国家才能富足。

综上所述，我们通过对《荀子》粗浅的分析，可见在战国后期已经出现了一些生态伦理思想，虽然在现在看来属于很朴素的生态思想，但是这些思想的出现无疑对当时的社会生活以及城市园林建设产生了很重要的影响，可以说在当今城市与园林的生态建设发展史上具有里程碑式的意义。

第十九讲 《黄帝宅经》:
风水理论对园林的影响

风水是先辈在阳宅和阴宅选址实践中积累的宝贵经验,

成为中国人选择理想人居环境的指导原则和惯性思维,

藏风得水、形势说等思想在古典园林设计中多有应用。

一、风水始祖《黄帝宅经》

《黄帝宅经》是我国现存最早的住宅风水堪舆书籍，相传为黄帝所作，真实作者无法确考。它以太极、阴阳、三才、四象、五行、六神、七政、八卦理论为主，强调"宅以形势为身体，以泉水为血脉，以土地为皮肉，以草木为毛发，以舍屋为衣服，以门户为冠带，若得如斯，是事严雅，乃为上吉"，即认为住宅是阴阳的枢纽，强调修建宅屋要先选择好方位、方向、破土动工的时间，以求阴阳相合。

风水在古时称作堪舆、相地、青乌等，萌芽于原始时代对环境的初步认知经验，在尧舜时期就具备了完整的雏形，并于汉唐时期稳步发展成熟，于明清时期成为选择居住环境的主导理论。

风水理论是中国古人在长期选择居住环境实践中积累的宝贵经验，它以河图、洛书、太极、阴阳、五行、八卦等哲学理论为基础，附会了龙脉、明堂、穴位等形法术语，审察山川形势、地理脉络，总结出相应的理论，最终运用到空间布局、方位调整、色彩与图案选择上，以满足人们对居住环境的需要。

风水理论代表着中国传统文化的典型特色，并成为中国人选择理想人居环境的指导原则和惯性思维。虽然在近代西方科技文明的影响下，风水一度被视为迷信而令人敬而远之，却从20世纪下半叶以来，又慢慢得到国内外的再认识和高度评价，并发现它包含了很多未被认识的科学内涵。

在古代，都城、村镇、宫宅、园囿、寺观、陵墓等从选址、规划、设计及营造，都受到风水理论的影响。中国古典园林也是如此，大到造园理念和选址，小到建筑设计、叠山理水和植物配置等都受到了风水的深刻影响。

二、"天人合一"思想与园林

风水理论的哲学基础是"天人合一"宇宙观，它是一种人与自然关系的体现，贯穿于中国古老哲学的始终，渗透到中国传统文化的各个领域。

风水理论认为，"天人合一""天人感应"应是人类顺从自然、保护自然，从而形成人与自然相互依赖、相互协调的良好关系。风水理论的"天人合一"观来自人们对自然山水的欣赏和崇拜，其哲学基础与中国古典园林中的"虽由人作，宛自天开"思想不谋而合。

中国古典园林以"天人合一"哲学观念为主要创作原则，在空间布局、建筑、山水、植物等的配置上，竭力追求顺应自然，着力显示师法自然的天成之美，模山范水成为中国造园艺术的最大特点之一，并在设计过程中追求"源于自然而高于自然"的理念。

古典园林强调山水两大因素的重要性，体现出人们对自然山川的崇敬，是"天人合一"思想的最佳体现。

三、"藏风得水"思想与园林

风水学中非常注重"生气"的概念，也就是使万物生长发育之气，简称为"气"。"气"是中国传统哲学和风水理论的核心。

风水经典论著《葬经》中说："气乘风则散，界水则止。古人聚之使不散，行之使有止，故谓之风水。风水之法，得水为上，藏风次之。"

意思是说，风可以让气流散，但是用水可以形成界限阻挡气的流失。前人聚集起气让它不流失，让它虽有活动却不会超出界限，所以称之为风水。因此，对于选址来说，得水是第一位的，其次才是藏风；只有在聚水避风的情况下，才能得到生气。

由此可见，古人为了获得一个理想的、充满"生气"的生态居所，在住宅选址时，要求前面有朝案围拱，后面有靠山屏障，左右有龙虎砂山环抱，出入沿着水口穿行，既要"背山面水，负阴抱阳"，又对"水口"有严格要求，最终实现"藏风聚气"的目的，从而营造一个适宜的居住环境。

（一）古典园林选址及布局

受藏风得水思想的影响，古典园林选址时一般要求"背山面水，负阴抱阳，藏风聚气"。

所谓"背山面水，负阴抱阳"，就是指基址后面要有主峰"来龙山"（即祖山，玄武），左右有次峰左辅右弼山（青龙、白虎），山上要保持丰茂的植被，前面有弯曲的水流（朱雀）；水的对面还要有案山、朝山作为对景；基址正好处于山水环抱的中央，地势平坦且有一定的坡度。

这个理想的环境模式不仅风景优美，挡风聚气，而且对园林空间布局以及造景都有一定的借鉴意义。

皇家园林作为我国古典园林中杰出而庞大的艺术创作，选址时十分看重风水。

例如，清代三山五园所在地北京西北郊自古以来就是一块风水宝地。纵观其周围山峰形势，西山属太行山余脉，北部的军都山属燕山山脉，而太行、燕山均属昆仑山北龙山系，可谓"来脉悠远，绵延万里"。风水中以"得水为上，藏风次之"，祖山来脉悠远，蜿蜒万里，不仅气势壮大富有生气，而且"远者龙长，得水为多"。

其中，现存著名皇家园林颐和园是一个典型的山北水南的格局。园内主体建筑佛香阁位于整个园子的构图中心，背靠万寿山，前为昆明湖，恰好处于一个"背山面水，负阴抱阳，藏风聚气"的基址位置。

私家园林属于官僚贵族和文人富商所有，他们以"园居"为主要的生活方式，所以造园选址以及布局显得尤为重要。

例如，苏州园林作为私家园林发展鼎盛时期的代表，在选址和布局上十分重视宅园风水。苏州耦园东（左）为流水，西（右）有大路，南（前）有河流，北（后）有藏书楼，楼后又有水，再加上园内东部的黄石大假山，整个园子便呈现出一个山环水抱、水绕山护的理想居住环境，这种环境使得生气凝聚而不散泄，构成了完整均衡的景观格局。

按照《八宅周书》的理论，坐北朝南的坎宅以东南（生气方向）和南（延年方向）为上吉。因为东南方是生气方，而大门又是聚气的，所以大多数私家园林的大门都开在东南方，如拙政园、网师园等的大门都朝东南方开。

关于住宅入口的做法也很有讲究，普遍是在门前设置照壁（影壁）以起到挡煞、避煞、门不漏财的作用。如拙政园、沧浪亭等的入口处就采用堆叠假山石、营造地形，以起到照壁的作用，阻挡"煞气"并保持"气畅"，同时开门见山避免了外界直视。

（二）水口园林

风水中的"水口"，是指水流的入口和出口。古人一方面认识到水流会影响气场，另一方面又认为水是财富的象征，所以特别注重水口，把它看作保护神和生命线。

人们对水口的地理格局讲究"源宜朝抱有情，不宜直射关闭；去口宜关闭紧密，最怕直去无收。"《地理大成·山法全书》中说，水源和住宅的关系，应该是曲水环抱，不应该直接流向住宅。水源的出水口，最好是关锁紧密，最怕水口没有关锁而水直接流走。这样做不仅能达到聚财的目的，也能将"生气"牢牢地聚集，从而有利于人们的生产生活。

因此，水口地形要呈"锁闭"状态，以利于聚水聚气，多选择山脉转折、犬牙交错或者两山夹峙、溪流左环右绕之处。

水口园林常见的有水口建筑和水口林两种类型。

水口建筑一般以桥为主作为"关锁"，辅以树、亭、堤等。在文化层次较高的地区，则以楼、阁、庙、亭、塔为主，辅以堤、树、桥等。

水口建筑一是镇锁水口以利聚财聚气；二是祈求富贵吉祥和文运昌盛，且弥补了自然山水的不足，美化了环境，满足了大众的心理愿望。

水口林是为了增加水口的锁闭之势而建的风水树。不仅聚财聚气，防风挡沙，更是营造了绿树成荫、空气清新的园林景观。其树种多以樟树、枫杨、银杏、柏树、苦槠等为主，单株植于水岸，或成片栽植，通过围合的形式给村落以庇护。

水口林作为村落出入口，空间上欲扬先抑，开合有度，富有节奏感，景观上溪水潺潺、树影婆娑、风光宜人，在古代还有防卫、定界、导向及聚会的作用。

不论修建水口建筑还是广植水口林，都是为了增加锁闭把守的气势，留住吉气。

四、"形势说"思想与园林

形势说由风水流派之一的"形势宗"发展而来，起初主要是讲究峦头形势，寻求满足"龙、砂、穴、水、向"的风水宝地。

《黄帝宅经》中说："宅以形势为身体"，可见将形势说思想用在建筑设计中有着决定性的意义。

形势说规定："百尺为形，千尺为势"，"势可远观，形须近察"，"形成势米"，"驻远势以环形，聚巧形而展势"等。这些理论概括性强，内涵丰富，不仅阐明了形势说的概念和意义，而且还量化地规定了"形"和"势"在建筑设计和布局中的尺度基准。

园林建筑作为我国古典园林的组成要素之一，有着举足轻重的作用。风水中的"形势说"应用在园林建筑设计方面，是中国传统建筑艺术的一大突出特色和卓越成就。

"形势说"应用最为广泛的理论即"百尺为形，千尺为势"。古代不同时期长度不同，折算成公制百尺约23～33米，千尺约230～330米。这句话的意思是说，从一百尺的范围来看，我们看到的是建筑单体的形状；而从千尺的范围来看，我们看到的就是建筑及其环境所构成的形势了。

著名古建筑学家王其亨先生认为，在设计建筑单体或进行建筑局部空间划分时，面阔、进深与高度一般应以百尺为限，结合当代视角理论分析，完全合情合理。

典型例子莫过于明清两代的皇宫——紫禁城内建筑的设计，几乎完全按照"百尺为形"来控制各单体建筑的平面和立面。如太和门全高23.8米，处于九五之尊的太和殿通进深33.33米，加上台基共35.05米。

而"千尺为势"则用在限定大范围建筑群体的空间设计上，这样在远观的角度上不会使空间太空旷而仍然具有"人情味"。

从大的平面布局来看，大部分的广场街巷、相邻单体建筑的距离最大也在330米内，严格遵循着"千尺为势"的界定。

"形势说"对现今园林景观设计仍具一定的指导意义。园林景观设计时常根据人的视觉、听觉、嗅觉等生理因素，结合人际交往，界定出三个基本空间尺度：①空间感：20～25米见方的空间，人们感觉比较亲切；②场所感：超过110米后才能产生广阔的感觉；③领域感：人无法看清楚390米以外的物体，这个尺度显得深远、宏伟。

第二十讲 《黄帝内经》:
阴阳五行与保健型园林

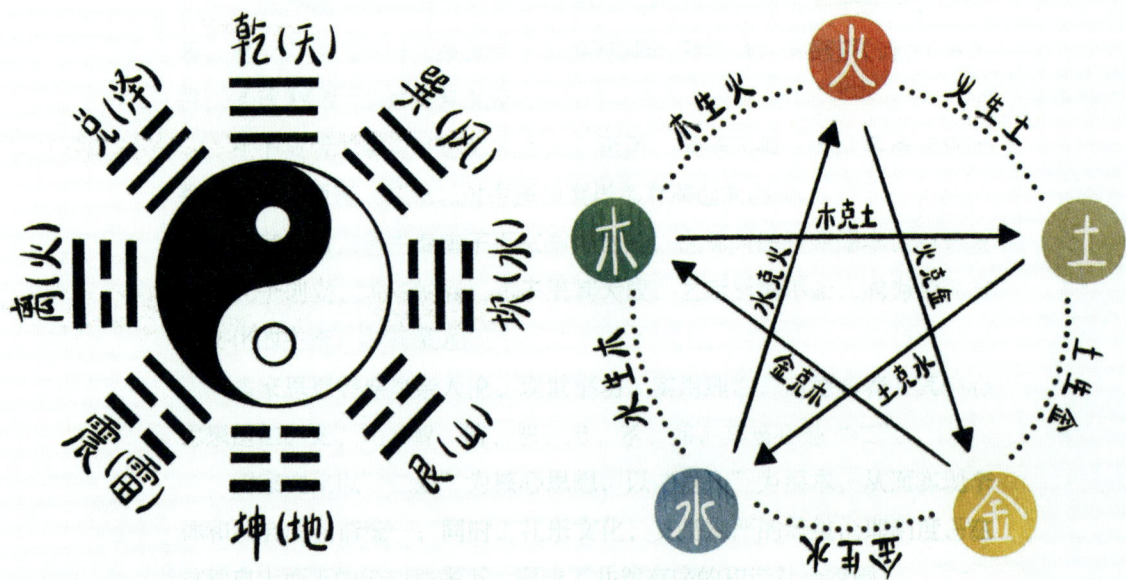

将阴阳、五行思想与人体器官、自然界等对应,

针对不同的目的设计不同的阴阳五行文化景观,

这种保健型园林可对人们的身心健康进行调理。

一、医学经典之首《黄帝内经》

《黄帝内经》分《灵枢》《素问》两部分，是中国最早的医学典籍，位列传统医学四大经典著作之首（其余三部是《难经》《伤寒杂病论》《神农本草经》）。相传为黄帝所作，但后世较为公认此书最终成型于西汉，作者也非一人，而是由中国历代黄老医学家传承增补发展创作而来。

《黄帝内经》是一本综合性的医书，在黄老道家理论上建立了中医学上的"阴阳五行学说""脉象学说""藏象学说""经络学说""病因学说""病机学说""病症""诊法""论治"及"养生学""运气学"等学说，从整体观上来论述医学，呈现了自然、生物、心理、社会"整体医学模式"。其基本素材来源于中国古人对生命现象的长期观察、大量的临床实践，以及简单的解剖学知识。

《黄帝内经》接受了中国古代唯物的气一元论的哲学思想，将人看作整个物质世界的一部分，宇宙万物都是由其原初物质"气"形成的。在"人与天地相参""与日月相应"的观念指导下，将人与自然紧密地联系在一起。

《黄帝内经》作为中国传统文化的经典之作，不仅仅是一部经典的中医名著，更是一部博大精深的文化巨著，以生命为中心，从宏观角度论述了天、地、人之间的相互联系，讨论和分析了医学科学最基本的命题——生命规律，并创建了相应的理论体系和防治疾病的原则和技术，包含着哲学、政治、天文等多个方面学科的丰富知识，是一部围绕生命问题而展开的百科全书。

二、阴阳学说与保健型园林设计

在日益物质化的时代里，喧闹和嘈杂的生活环境损害了人们的身心健康，不堪重负的人们急需一个释放压力的自然空间，人们对园林景观质量要求越来越高，营造一个充分考虑人们生活需求和价值取向，且对人体身心健康起到保健作用的园林环境变得尤其重要。

园林景观作为人们借以休养生息的绿色空间，是城市生态系统的有机组成部分，也是社会生活网络的重要节点，既承担着满足人们日常生活的物质功能，又肩负着人们精神生活的培养，也是生态文明建设的重要场所。

随着社会老龄化的不断加剧以及环境污染、食品安全、新冠疫情等问题的不断出现，医疗的范围在不断扩展，养生保健已经成为现代时尚医疗话题。以《黄帝内经》的阴阳五行思想来指导保健型园林设计，不仅能带给人感官的享受与治疗，更能调整自然场与人气场的关系，保证人与自然和谐，调节人的身心健康。

《黄帝内经》中将阴阳学说和医学相结合，形成了中医学的阴阳学说，它是中医学理论体系的重要组成部分。

阴阳学说认为，世上的任何事物都可以划分为阴阳两个方面，阴阳是相对的，它们相互抗争、相互促进。阴盛阳衰或者阳盛阴衰，都是不平衡、不和谐的发展，对人体有一定程度的伤害。

对自然界来说，春夏秋冬四季更替轮换正是阴阳相互制约、相互竞争的结果；人体维持正常的生理活动也需要阴阳相互对立与竞争，需要动静结合才能使人体动态平衡，保证人体的正常发展。

阴阳相互对立也相互依存。阴阳任何一方都不可能单独存在，有阴才有阳，一方都是另一方存在的前提；只有阴阳互存，在不断斗争的同时相互平衡发展，事物才能生化和滋长，人体的生命活动才能正常运行。

阴阳对立虽然是一定的，但是在某一条件下，阴阳可以相互转化。阴中有阳，阳中有阴，是自然界万物生存平衡的法则。阴阳的转化是一个"物极必反"的质变过程；在自然界中，阴阳相互转化无处不在，并推动着自然界的稳定发展。

阴阳平衡理论可以指导园林景观的总体格局、空间布局、色彩搭配、景观设施，以及活动场地的布置等方面，并将人作为园林环境的一部分，指导园林设计中整个生态系统的平衡。

（一）整体格局

人是园林景观的一部分，园林与人应处于阴阳和谐的状态。此外，就园林整体而言，以山石、建筑、铺装为主的硬质景观为阳，以水体、植物为主的软质景观为阴；实体景观为阳，而文化景观为阴，二者的比例要控制恰当，保持阴阳平衡。

（二）空间布局

园林空间有大有小、有明有暗，有活动和社交场所、有安静休憩区，面积大的、开敞的、有人参与活动的空间属于阳，反之属于阴。在进行园林空间设计时，要做到空间大小、明暗、活动性与安静性的空间布局统一协调，比例适当。

（三）色彩搭配

色彩是人们感受园林景观最直接的方式，不同的色彩给人的感受不一样，暖色调属阳，冷色调属阴，色彩范围包括植物色彩、建筑色彩、铺装色彩、雕塑小品色彩等方面，在园林设计中，应考虑色彩的和谐搭配。

（四）光影变幻

有阳光的地方是阳，有阴影的地方是阴。在园林设计中还得考虑使用者的需求，合理选择植物，设置休憩设施。

一方面，人们在不同的季节对阳光需求有所不同。夏季需要遮阴，冬季需要阳光。因此，在植物选择上应注意乔木与灌木、常绿与落叶的组合造景，并考虑休憩设施的安放位置。

另一方面，针对不同使用者体质的需求，如有的人是平和体质，有的是阳虚体质，有的是阴虚体质，不同体质的人，阴阳需求不同，阳光与阴影的设计也应不同。例如，阳虚阴盛症状的人会感受到发冷，宜待在有阳光照射的温暖场所；而阴虚阳盛的人情绪更容易烦躁，则适宜坐在偏凉的地方。

（五）活动场地

人的活动也是园林设计中需要考虑的因素。

从有人活动的区域与无人活动区域来讲，前者属阳，后者属阴；就活动本身而言，打羽毛球、跑步、单双杠等青少年以及儿童游乐活动属阳，比较安静的活动，如读书、垂钓、打太极等中老年人活动属阴。

因此，园林设计中活动场地类型设置也应考虑阴阳的平衡，满足不同人群的使用需求，提供适宜身体状况的活动场地。

三、五行学说与保健型园林设计

"五行"是指金、木、水、火、土五种自然界的基本物质的运动变化。五行学说认为，万事万物都是由金、木、水、火、土五种物质构成的，五种物质相互依存又相互制约，不断地运动变化，从而促进事物的发生和发展。

《黄帝内经》将五行学说应用于医学，形成了中医学的五行学说。中医运用五行的特性来分析研究人体的脏腑、经络、生理功能的五行属性和相互关系，以及阐释它们在病理情况下的相互影响，用以指导临床的诊断和治疗。

五行学说包括五行相生和五行相克两个方面。

相生是指相互滋生、促进、助长之意。五种物质之间的存在及变化是有一定规律和一定次序的，表现为木生火、火生土、土生金、金生水，循环往复，生生不息。

相克是指相互制约、克服、抑制之意。五行相克中也有一定规律和一定次序，木克土、土克水、水克火、火克金、金克木。

中医学运用五行的生克乘侮规律来解释和治疗人体五脏病变，指出五行对应着五脏、五色、五位、四季等。在园林设计时，主要利用五行的生克关系来设计造景元素的布局与组合。

人体、五行、自然界三者的关系

人体				五行	自然界			
五脏	五腑	五官	五志		五色	五方	五季	五气
肺 肝 肾 心 脾	大肠 胆 膀胱 小肠 胃	鼻 目 耳 舌 口	忧 怒 恐 喜 思	金 木 水 火 土	白 青 黑 红 黄	西 东 北 南 中	秋 春 冬 夏 长夏	燥 风 寒 暑 湿

（一）色彩的选择

依据五行学说，五行对应五色，从中医学角度看，五脏对应五行，因此，人体器官有与之对应的五行色彩，如五行的"金、木、水、火、土"对应人体器官"肺、肝、肾、心、脾"，与之对应的五色是"白、青、黑、红、黄"。

故可根据园林五行属性或保健需求，选择与之相应的景观色彩。另一方面，色彩搭配时，要遵循五行相生观念，形成相生色彩气场，促进园林景观的和谐。

（二）植物的选择

从风水学上来讲，植物不仅有阴阳，还有五行。目前，关于植物阴阳五行划分并没有统一的依据，但以往的大部分研究主要依据植物的保健功能进行选择，再结合植物的生态习性，考虑植物色彩和种植方位，合理搭配，结合其生命周期变化，营造四季景观。

五季（春、夏、长夏、秋、冬）对应着五气（风、暑、湿、燥、寒），对相应的五脏（肝、心、脾、肺、肾）、五腑（胆、小肠、胃、大肠、膀胱），起到保健作用。如一个肝气郁结的人需要绿意盎然的春季景观，因此，应选择具有木性的精气植物。此外，其他次要植物选择结合考虑与之相应五行相生性，配置相生的精气植物，营造相容的植物场。

（三）方位的选择

五方代表五行相生的地理位置，"金、木、水、火、土"五行对应"西、东、北、南、中"五方，这不仅体现在植物种植方位的选择上，也体现在雕塑小品方位、建筑朝向等方面，在进行景观元素设计时，应考虑方位布局，与五行要素相应，构造五行相生的园林气场，发挥园林的保健功能。

五行学说主要通过场地布局、道路铺装、植物配置及园林建筑小品等几个方面在园林设计中来表现，如太极八卦阵的布局模式，道路铺装图案等按照五行方位、五行色彩、五行关系布置；植物种植设计根据五行对应颜色及药效来进行种植；园林建筑小品也可依据其方位、颜色来进行五行布置。

此外，五行相生相克的特性是园林设计需要考虑的重要性质，如根据五行相生原理，在"金"植物组团里种植具有"土"属性或黄色系的植物，会促进"金"的气场（土生金，"土"对应黄色）；又如在"土"属性的区域设计红色火焰雕塑小品等（火生土，"火"对应红色），均可体现五行生生相息的原理。

将五行与人体、自然界对应关系融入园林设计中，针对不同的治疗对象设计不同的五行文化景观，使人们除了视觉上能感受美外，内在的生理健康也能通过自然与人体五行相生相克关系得到调理。

第二十一讲 《周礼》：
方正型城市规划模式的起源

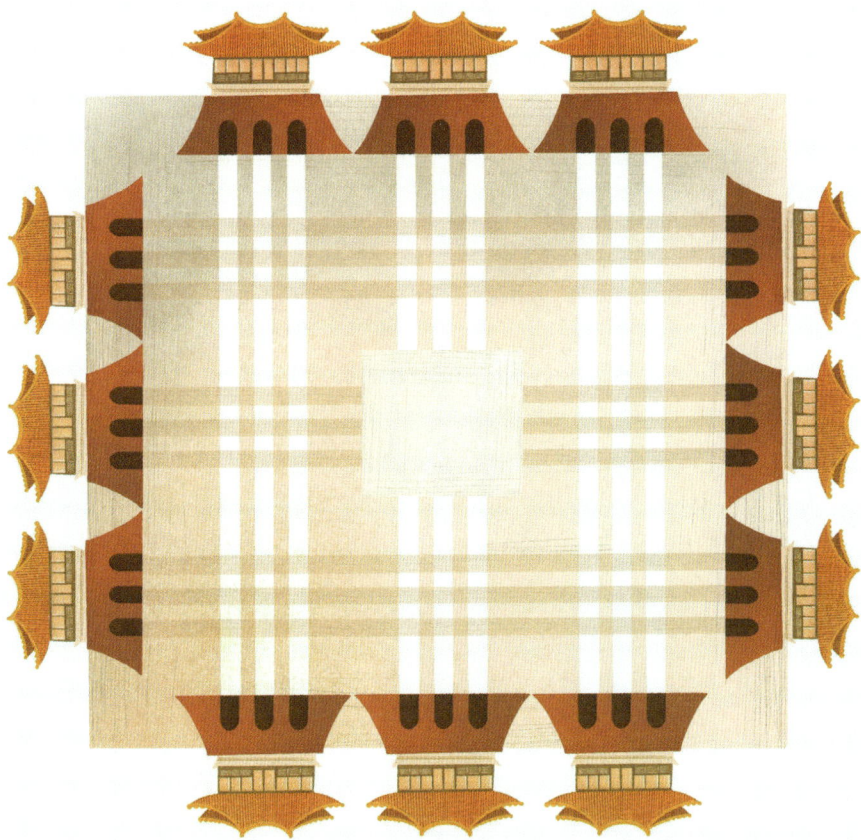

《周礼·考工记》提出的井然有序的都城规划模式，

为中国后世城市规划与建设确定了空间结构和框架，

直接影响了隋唐长安城、元大都、明清北京城规划。

一、儒家经典《周礼·考工记》

《周礼》是先秦儒家的重要经典之一，是一部官方制定的关于治国方案的著作，所记载的礼制体系最为系统，既有祭祀、朝觐、封国、巡狩、丧葬等国家大典，也有如用鼎制度、乐悬制度、车骑制度、服饰制度、礼玉制度等具体规范，还有各种礼器的等级、组合、形制、度数的记载，所涉及的内容极为丰富，堪称中国文化史之宝库。

《周礼》全书共六篇，原来包括《天官冢宰》《地官司徒》《春官宗伯》《夏官司马》《秋官司寇》《冬官司空》。汉代学者编校整理《周礼》时已缺了《冬官司空》篇，便将《考工记》补入，从此，《考工记》成为《周礼》中的一篇，称为《周礼·冬官·考工记》。

《考工记》是春秋战国时期记述官营手工业各工种规范和制造工艺的文献。书中保留了先秦大量的手工业生产技术、工艺美术资料，记载了一系列的生产管理和营建制度，在一定程度上反映了当时的思想观念。

《考工记》是中国目前所见年代最早的手工业技术文献，该书在中国科技史、工艺美术史和文化史上都占有重要地位，在当时世界上也是独一无二的。

全书共7100余字，记述了木工、金工、皮革、染色、刮磨、陶瓷等6大类30个工种的内容，反映出当时中国所达到的科技与工艺水平。此外，《考工记》还有数学、地理学、力学、声学、建筑学等多方面的知识和经验总结。

《考工记》在详细记载周代官营手工工艺典章制度的同时，还表现出深刻的哲学思想，其丰富的哲学意义对后世器物制作等方面有着深远影响。其中，"天人合一"的宇宙观、匠人营国制度对后世的建筑营造、城市规划等方面有着重要的启示作用。

二、"天人合一"宇宙观

《考工记》中说："天有时，地有气，材有美，工有巧。合此四者，然后可以为良。材美工巧，然而不良，则不时，不得地气也。"

意思是说，天气受季节的限制，土地受气候的限制，材料有好有坏，工匠有巧有拙，把这四者结合起来才是最好的。如果材料上乘，工艺精巧，但是做出的东西却不好，则是因为没有顺应天时、适应地气。

其中，"天时""地气"是指自然界的客观条件，"材美""工巧"则是强调主体方面的主观因素。因此，"天时、地气、材美、工巧"可理解为"顺应天意，天人合一"。

《考工记》中所强调的天人合一，反映了当时人们对于自然规律的尊崇，除却对自然的认识外，工匠的"巧"、材料的"美"也是成就器物品质的重要条件，工匠需主动地体会材料的美，只有这样，在制作的过程中才能合理地选材、用材。

《考工记》始终将"天人合一"宇宙观贯穿于造物观念之中，一则主张，造物本身应遵循自然的基本法度，并与造物思想和谐；二则认为，人工技巧应与天然条件和谐，顺应并接受"天有时，地有气"的客观规律，并升华到"材有美，工有巧"的理想的人为境界；三则提倡，实现操作过程中人、材、环境三者关系的最佳优化组合。

"天人合一"这一观念，是中国传统文化中的重要命题之一，也始终贯穿于中国古代建筑发展的整个历程，每一代匠人始终秉承着这一理念，带着对自然的崇高敬意，始终营建与自然和谐相处的都城与建筑物。这一思想也对后世的城市规划、园林营造、建筑设计等方面都有着重要的启示作用。

三、"匠人营国"制度

据《考工记》记载："匠人营国，方九里，旁三门；国中九经九纬，经涂九轨；左祖右社，面朝后市，市朝一夫。"

这句话的意思是说：匠人营建的都城，九里见方，都城的四边每边三座城门。都城中有九条南北向大道、九条东西向大道，每条大道可容九辆车并行（约16米）。宫城左边是祭祀祖先的太庙，右边是祭祀土地神和五谷神的社稷坛；宫城的南面是朝廷，北面是市场。市场和朝廷的面积各百步见方（即东西、南北各长140米左右）。

可见，《考工记》中"匠人营国"篇，为后来中国古代城市建设确定了空间结构和框架、城市的整体选址和尺度定位，并涉及具体的城市功能布局。

"匠人营国"所营之"国"是指国都，不同于《考工记》中记载的一般器物，它是人们居住和活动的地方，具有鲜明的"空间性"。

除了"天人合一"宇宙观中对自然的尊重之外，匠人营国还体现了当时礼制中"尊人"（即尊重人与人的伦理秩序）这一方面，突出王城、宫城、王权、尊卑。可以说，这是在封建礼制中孕育出的理想王城。

例如，"西周都城"就是遵循"匠人营国"里的理念规划建设而成的。丰京和镐京在一起统称为"丰镐"，是西周王朝的国都，是历史上最早被称为"京"的城市，也是中国最早的城市之一，作为西周首都沿用了近三百年。

丰镐遗址位于西安市长安区马王镇、斗门镇一带的沣河两岸，丰在河西，镐在河东。考古专家通过精确定位，基本确定了丰镐两京的遗址面积总计近17平方公里，可见是一个巨型都城遗址。

丰镐是中国历史上第一座规模宏大、布局整齐的城市，开创了中国城市平面布局方整、宽敞、宏伟的先河，成为后来城市总体布局的典范。

整个都城的设计，不管是模拟时空，还是强调礼制，其实都是为了满足奴隶主、封建主的统治需要，强调他们的王权和至高无上，以他们的统治为中心来设计的。这与早期古人的宇宙观结合起来，便形成了匠人营国的制度。

四、《考工记》对后世城市营建的影响

《考工记》中对于都城的营建布局对后世产生了重要影响。

自宋代以来,有关国都具体的空间模式的描绘屡见不鲜,已经积累了相当深厚的基础,主要包括:宋代聂崇义《三礼图》"王城图"、明代《永乐大典》"周王城"图、清代戴震《考工记图》"王城"、清《宫室考》"都城九区十二门全图",以及当代学者对周王城布局的想象图等等。

中国古代历史中最具典型的都城和宫城有:隋唐长安城、元大都、明清北京城规划及紫禁城等等,追根溯源,可依稀看出横竖井然有序的都城规划设计和审美取向,是《考工记》王城规划的衍生。

其实,《考工记》只是春秋末期齐国的工艺官书,即使当时的齐国都城临淄的城市形态与《考工记》规范也大相径庭;更何况是"礼崩乐坏"的春秋战国时期呢?再往后也没有历代都城严格执行《考工记》规范的例子。

反而是一个外族入侵建立的王朝,在元大都(今北京)营建时才比较严格完整地贯彻了"匠人营国"的"礼制"伦理思想和都城营建的规范。

元朝是一个特殊时期,元世祖忽必烈认识到"马上打天下,不能马上治天下",和后来的清代一样,源于落后文明对先进文明的征服,军事上的成功并没有带来文化上的平衡。但在先进汉文化的器物层面,却是全盘接纳,同时两朝学习汉文化也颇有成效。

元大都的规划建设是由汉人刘秉忠执行的,全面沿用千年前的礼制伦理思想,较此前的历代都城建设更多参考了《考工记》。

元大都规划平面呈南北方向略长的长方形,据史料记载:"城方六十里,十一门",据考古勘察,元大都城垣东西两面城墙与北京城东西城墙一致,南面城墙在今东西长安街南侧,北城墙即今北京北三环的土城遗址。

大都城实测周长28.6公里,面积约50平方公里。城内筑了宫城、皇城、都城三道城垣,皇城坐落在城南部中央,被置于特别显要的地位。

元大都最具特色之处是以太液池水面为中心确定城市布局,在水面的东西两岸布置大内正朝、隆福宫、兴圣宫三组宫殿,环绕三宫修建皇城。将湖光与山色纳入城市的中心区域，使宫殿建筑与自然景色巧妙地融为一体，开创了与以往不同的都城布局，是城市规划设计思维上的重大突破。

元大都总共有十一座城门，东南西三面各三门，北面两门。这11座城门，据说象征着神话传说中"三头六臂、脚踩一对风火轮"的哪吒：南三门象征"三头"，东、西各三门象征"六臂"，北二门象征"二足"（或两个风火轮）。由此，元大都又有"三头六臂哪吒城"之说。

元大都的街道布局遵循《周礼·考工记》中"九经九纬"的规范，中轴线上的大街宽28米，其他主要街道宽25米，道路纵横交错，连同顺城街在内，都城内东西南北各有干道九条，除此之外，另有"三百八十四火巷，二十九胡同"。

城内的居民区最初划分为五十坊，后来增加到六十多坊，分别隶属于左右巡警院管理。

城内集中的市场有三处，一处集中在积水潭东北岸的斜街，称为斜街市，这里交通方便，商业繁荣，四时游人不绝；一处在今西四（牌楼）附近，名为羊角市，是卖羊、卖马等牲口集中的市场；还有一处在今东四（牌楼）西南，叫作旧枢密院角市，在明照坊内。

宫城外，南面和东南为官署区，北面积水潭一带为闹市，东面为太庙，西面为太社稷，符合《周礼·考工记》中"前朝后市""左祖右社"的相关记载。

元大都的中轴线就是明清北京城的中轴线，明永乐建都之时，就利用了这条中轴线，并未改变。

今天的北京城是在元大都的基础上发展而成的，当时中国最大、最繁华的城市元大都，同样是公认的世界上最大的城市。它规划科学，建筑布局安排、建筑艺术营造等充分利用了人才优势和地理条件，因地制宜，不仅在中国都城建筑史上空前辉煌，而且在世界都城建筑史上也占有显赫的地位。

第二十二讲 《管子》：
自然型城市规划模式的起源

管仲是古代著名的经济学家、哲学家、政治家、军事家，

《管子》是春秋时期齐地管仲学派代代累积的文章汇总，

书中提出了自然型城市的生态、选址、布局、经济思想。

一、无所不包的《管子》

《管子》是先秦时期各学派的言论汇编，内容博大，大约成书于战国至秦汉时期，是中国先秦时期政治家治国、平天下的大经大法。

《管子》一书书名来自管仲（管子），但并非出自管仲之手。该书的形成经历了漫长的过程，一般认为它是春秋战国时期齐地管仲学派代代累积的文章汇总，其中既有管仲思想的记录与发挥，也有不同历史时期的发展和运用。

总览《管子》全书，内容较为庞杂，汇集了道、法、儒、名、兵、农、阴阳、轻重等百家之学。但其思想的主流是黄老道家思想，其思想特点是将道家、法家思想有机地结合起来，既为法治找到了哲学基础，又将道家思想切实地落实到了社会人事当中。

《汉书》把《管子》分在道家类，《隋志》以后的类书却把它分在法家类。不同的归属恰好说明《管子》的思想特点。同时，黄老道家兼容并包，积极吸收儒、墨等学派的思想长处，将礼义和等级名分的理论纳入自己的思想体系中，主张礼法结合，倡导确立严格的等级名分体系及以之为基础的社会道德规范。这些都适应了战国中期的时代需要，反映了齐国变法时期的政治实践。

管子（公元前723年~约公元前645年）名夷吾，字仲，是我国古代重要的政治家、军事家。在先秦诸子中，管子资格最老，他的生活年代比老子、孔子还要早上一百多年。管子曾给齐桓公当宰相，"九合诸侯，一匡天下"。

先秦诸子，基本上都是周游列国，贩卖学术，虽说博取了一定的知名度，但日子过得非常拮据。只有这个管子，不但过着豪华的生活，拿着优渥的待遇，而且做着伟大的事业，也有着扎实的学问。

用庸俗的人生观标准来考量先秦诸子，管仲无疑是最为出色的一个"子"。学术与权力，在他那里就是成功的双翼，相辅相成。就连心高气傲的孔子都不得不感叹："微管仲，吾其被发左衽[1]矣。"就是说，如果没有管仲，我们就会被野

---

[1] 衽（rèn），指衣襟。左衽，是我国古代部分少数民族所着的服装，前襟向左掩，不同于中原一带人民的右衽。从这话也可以看出，孔子十分重视服饰习俗，汉服是右衽，北方少数民族是左衽，正好相反。汉族跟当时北方少数民族习俗不同，表现应该是多方面的，但是，孔子不说别的，只说发式与衣冠，可见衣冠在孔子心目中有着十分重要的地位。

蛮人征服，披头散发，穿着他们样式的衣服。

孔子为什么会这样说？是因为管仲辅佐齐桓公，齐桓公又帮周天子赶走了那些野蛮的北方游牧民族。若没有管仲的帮助，说不定我们今天还很野蛮呢。

二、"城市生态"思想

中国古代就已经开始了城市与自然的思考，《管子》就是其中一部重要的著作，其中的很多思想对当今仍然有很好的启发借鉴意义。

生态环境是城市社会、经济和文化可持续发展的重要基础和载体，人口与环境、城市与生态皆密不可分。

管子最先明确提出"天常""天道"的概念，其中蕴含着"天人合一"这一生态命题，认为"水者，万物之本原也"（《水地第三十九》），这比西方泰勒斯提出的生态观点要早一个世纪。

管子将自然（即"天"）归结为一种物质——水，即"人生之于水，人之德鄙清邪皆决之于水。由是推之，人必合于水，即必合于自然"。这当然具有认识上的狭隘性，但也反映出了管子朴素的唯物主义宇宙观。

在这一指导思想下，管子善于用自然现象来规范城市社会的有序发展，倡导"无违自然"。他在《幼官第八》《宙合第十一》诸篇中翔实记载了"合于天时之人事"，强调了"合作福，不合作祸"，"人与天调，然后天地之美生"（《五行第四十一》）的思想。

伴随着近年来世界范围内城市化进程的不断加速，生态危机已成为人类社会可持续发展的"瓶颈"。因此，重新认识"无违自然"，重视"人与天调"，探讨城市可持续发展与生态环境调控的途径和对策，改善生态环境质量，促进城市生态系统的良性循环，已成为摆在我们面前的紧要任务。

三、"城市选址"思想

《管子·度地》中说："故圣人之处国者,必于不倾之地,而择地形之肥饶者。乡山,左右经水若泽。内为落渠之写,因大川而注焉。"

意思是说,圣人选定建设都城的地方,一定要地势平坦,土地肥沃,物产丰饶,北面靠山,左右有河流或湖泽提供水源。都城内必须要水渠纵横,水源要从河流大川中引入。

《管子·乘马》中说："凡立国都,非于大山之下,必于广川之上。高毋近旱而水用足,下毋近水而沟防省。"

意思是说,建设都城,如果不能选址在大山之下,也一定要选在比平川略高的地方。选址地势太高不利取水,太低则又不利排水。

这种城市的选址思想既是对以前城市建设的总结,更对后来的城市建设产生了深远的影响。

例如,史前时期的城市选址,一般坐落在山麓或河滨台地之上,地势都较周围略高。如新石器时代的郑州西山古城北依西山,南临枯河;周口平粮台古城位于新蔡河西岸的台地上;登封王城岗古城地处小型河谷盆地中央,四周群山与丘陵环抱;漯河郝家台古城在沙河北岸的台地上;安阳后岗古城坐落在洹河南岸的高岗上,西、北、东三面临河。

而历史时期的城市,汉魏及隋唐洛阳城北依邙山,南临洛水;唐代宫城和皇城建于城外的西北高地上;隋大兴城和唐长安城位于龙首原南坡上,龙首渠、清明渠、永安渠和漕渠分别从东南西三面引渭河的支流入城,提供生活和环境用水;北宋东京城和南宋临安城内都有四条水系萦绕;北京历来被风水学家称为"山环水抱必有气"的理想都城,其西、北环山,两侧山脉会合形成半圆形大山湾环抱北京平原,桑干河、洋河等在此汇合。

以上这些城市的选址,均符合《管子》的城市选址思想,由此可见其规定被实践之普遍,其影响之深远。

四、"城市布局"思想

（一）平面布局

《周礼·考工记》虽然对城市的平面布局作出了比较明确的规定，但到目前为止，我们还没有发现与其规定完全相同的城市。

而《管子·乘马》中记载："因天材，就地利，故城郭不必中规矩，道路不必中准绳。"书中告诫人们，要根据现有的条件来利用自然环境，不必非得墨守成规照搬书本的规定。因此，顺应自然的有利条件和地形地势，创造出符合自己发展的方式才是至关重要的。

历史上对这种思想的实践，比比皆是。

前面提到的史前时期的城市选址，都会选择山水相依的地点，城市平面虽不完全依山水走势而建，但一定会受其影响；汉长安城内未央宫、桂宫、明光宫等宫殿虽然处在一城之内，但却没有采用《考工记》营国制度的整齐划一模式；元上都城将宫城和皇城布置在外城的东南部；南宋临安城南靠凤凰山，西临西湖，城市呈南北狭长的不规则长方形。

这些城市的布局，都符合《管子》"因天材，就地利"的思想。而且，城墙也不是完全的规整方形，中轴线也不完全是南北中心线，道路也不完全是经纬涂制。

（二）区域划分

《管子·大匡》中记载："凡仕者近宫，不仕与耕者近门，工贾近市。"

意思是说，有官职在身的就住在宫廷附近，没有官职在身的（指文人）和农民就住在城门附近，工匠与商人就住在市场附近。

这种以身份和职务划分居住区的思想影响后世千年。

历史上，夏二里头城铸铜作坊区位于宫殿区南侧，殷墟宫殿宗庙区外围分布有手工业作坊；洹北商城的内城与外郭城之间，分布着手工业作坊区、平民居住区、墓葬区；偃师商城发现有府库建筑遗存；隋唐洛阳城建造有专门贮存粮食的含嘉仓城；北宋东京城内城集中分布着中央衙署、寺院宫观和商业场所，皇城是皇帝生活起居和议政的地方，均经过一定功能划分。

可见，整个中国古代的城市建设，都不同程度地存在着按功能和性质进行城市分区的思想。而这种思想，《管子》中规定得最为明确。

五、重视"经济因素"

史前最初的城市建造，如仰韶和龙山时期的城市，应该是为了安全防卫而建造的。夏商时期，则是奴隶主的政治堡垒，既有军事因素，又有政治因素，而前者所占比重可能更重一些。到了封建社会，随着旧的社会体制的打破和商品经济的不断发展，经济因素在城市建造中的比重越来越浓。

《考工记》中已经有了"市"的设置规定，但并未予以高度重视。而在《管子》中，则将城市建造中的经济因素提升到了一个前所未有的高度。

《管子》一书中有一套代表新兴封建地主阶级意识的城市规划理论。从基本概念直到具体的规划措施，都是和西周旧的制度针锋相对的。

《管子》按城市大小、居民多寡为标准划分城市等级。这就彻底推翻了西周城邑建设体制，否定了城就是政治城堡的旧概念，赋予城市以新的经济内容。

在其后的大部分城市建造中，无一例外地都将经济因素作为一个重要的方面加以考虑。如"市"的数量增加，布局更加灵活、实用，尤其是到了北宋东京城，更是废除了里坊制度，改为沿街设置店铺，也是完全顺应城市经济发展需要的重要举措。可见，经济因素在城市建造中的重要影响力。

而较早注意到经济因素，并予以作出较为具体规定的，正是《管子》。可见其价值之重大，其见识之深远。

可以看出，管子在城市的规划思想上有一套自己的理论和指导思想，它在生态、选址、布局和经济等指导城市规划建设的理念方面，既可作为《考工记》的补充，更多的则是根据社会的实际需要而做出的重要发展。虽然它的规定并未被后世全部认同，但它的大部分理论和观念对后世影响深远。

总的说来，《考工记》与《管子》对后世影响的主要方面不同。《考工记》讲究的是政治的、城内的平面布局，《管子》则更看重生态的、经济的、城市的选址问题，而且在城内的平面布局方面也作了有益的补充规定。

可以说，后世的城市建设，根据需要合理地吸纳二者中契合实际的内容，使二者相辅相成，共同指导城市规划与建设。所以，在对后世城市建设的思想指导上，二者具有同样的重要地位，应予以同等重视。

第二十三讲 《诗经》: 史上最早诗集中的园林

《诗经》是中国古代诗歌的开端，最早的诗歌总集，

反映了周初至周晚期大约五百年间的社会生活面貌，

书中记录了周文王的灵台，是中国古典园林的雏形。

一、中国诗歌鼻祖《诗经》

《诗经》，是我国最早的一部诗歌总集，收录了西周初年至春秋中叶（前11世纪～前6世纪）的诗歌，共311篇，其中6篇为笙诗，即只有标题，没有内容。

《诗经》的作者佚名，绝大部分已经无法考证，传为尹吉甫采集、孔子编订。《诗经》在先秦时期称为《诗》，或取其整数称《诗三百》，西汉时被尊为儒家经典，始称《诗经》，并沿用至今。

诗经在内容上分为《风》《雅》《颂》三个部分。《风》是周代各地的歌谣；《雅》是周人的正声雅乐，又分《小雅》和《大雅》；《颂》是周王室和贵族宗庙祭祀的乐歌，又分为《周颂》《鲁颂》和《商颂》。

《诗经》内容丰富，反映了劳动与爱情、战争与徭役、压迫与反抗、风俗与婚姻、祭祖与宴会，甚至天象、地貌、动物、植物等方方面面，是周代社会生活的一面镜子。

在我国，园林的发展源远流长，从有文字记载的"囿"算起，中国园林已有3000多年的历史。《诗经·大雅·灵台》篇描写了周文王的灵囿："王在灵囿，麀（yōu）鹿攸伏。麀鹿濯（zhuó）濯，白鸟翯（hè）翯。王在灵沼，於牣（rèn）鱼跃。"

意思是说，在这座皇家苑囿中，有着许多肥美的鹿群，毛色光亮润泽，静静地伏在深草丛中，不惊不扰；洁净的白鸟羽毛丰满，在蓝天上飞翔；满池的游鱼也不时地跳跃，发出清脆悦耳的响声。在这诗画一般的境界中，文王流连忘返，怡情自得。

正是由于《诗经》这样一部以文学体裁出现的记载中国园林的文学作品，才使得我们知道中国园林最早的雏形，对诠释中国园林的起源和了解中国园林的发展历史有着很重要的研究价值。

古人对环境、自然山水以及植物的重视和敬仰，导致了自然审美观的产生，直接影响着后世"模山范水"的自然式山水园林的出现。山水园林以山体和水体的配置构成骨架，从而使山石、水体、动植物等成为中国古典园林的重要构成要素。

二、《诗经》里的山石

山有着巨大而坚硬的形体，简单而强烈的线条，在古人眼中，山具有着不可抗拒的力量。"高山仰止，景行行止"，古人所推崇的，是山具有的一种不可抗拒的力量，在这种力量面前，他们怀着敬畏的心理。

古人甚至认为，山就是天神的躯体，上天的意志通过山来传达。如《诗·大雅·崧高》中说："崧（同"嵩"）高维岳，骏极于天。维岳降神，生甫及申。"

意思是说，只有像嵩山那样的山才算高山，它非常的险峻。只有高山上才有神灵降世，从而出生了甫侯和申伯（两位辅佐周朝的大贤臣）。

山岳崇拜是当时非常基本和普遍的自然崇拜。在这期间，人们对山是敬畏和仰慕的心理，采取的态度是敬而远之，由此也为后人把名山大川作为审美对象奠定了思想基础。

中国历史上自《诗经》"南山有桑""南山有寿"开始，就形成以山祝寿的传统，历代皇家苑囿中多有"万寿山""万岁山"的名称，以此预示长生不老，如武则天时代洛阳附近的万寿山兴泰宫、宋代开封艮岳最初叫作万寿山、元明时期北京北海琼华岛也称万寿山。

石是园林的"骨骼"。在园林中，它不但可以是山的组成部分，而且也可以是山的象征，一片石可能就是一座山，因此，论山必先论石。

中国人对石的鉴赏经历了很漫长的过程。在远古人眼中，石头是"生命的本源，创始的母体"，我国有很多和石头有关的创世神话故事，如盘古开天辟地、女娲炼石补天、精卫衔石填海等等。这说明在远古人眼中祖先是从岩石中产生的。

直到后来，人们对石头的认识才从"生命的本源"中脱离开来，进入到对石头自身美感的欣赏中。《山海经》中写道："独山多美石，燕山多婴石。"先民们通过长期的生活实践，开始感受到石的形态、质感、色彩以及声音的美感。

而后联系环境来对石进行欣赏，则在审美上更近了一步，正如《诗·唐风·扬之水》里说："扬之水，白石粼粼。"意思是说，激扬的流水，冲刷白石晶莹光滑。可见，当时人们已经开始将石作为一种审美意趣在欣赏。

三、《诗经》里的水体

人类自从诞生以来就择水而居。《诗经·国风》里有许多咏叹的诗句都与水有关，作为中国文学源头的《周南·关雎》中就有"关关雎鸠，在河之洲，窈窕淑女，君子好逑"的句子。

《诗经》中提到水的诗句非常多。《小雅·沔水》《卫风·淇奥》《唐风·扬之水》《邶风·泉水》《郑风·溱洧》《魏风·汾且洳》《陈风·东门之池》《陈风·泽陂》等也都是描写水的诗歌。

《诗经·灵台》描写了周文王的灵囿、灵台和灵沼，表明了古代的园林本身就是一个山水园。文王奉承天命，有兴周灭商之兆，因而在灵囿之中出现了很多祥瑞，与灵台、灵沼的神性交相辉映。

源自对自然山、水的崇拜，中国古典园林从自然山水中汲取灵感，在自己的壶中天地里创造了无限景致。

四、《诗经》里的动植物

"比兴"是古代诗歌的常用技巧，起源于《诗经》。通俗地讲，"比"就是比喻，是对人或物加以形象的比喻，使其特征更加鲜明突出。"兴"就是起兴，即借助其他事物作为诗歌的开端，以引起所要歌咏的内容。

"比"与"兴"常常连用。这一手法，在《诗经》中可以举出很多例子，如《硕鼠》拿大老鼠来比喻剥削阶级的贪得无厌；《鹊巢》拿鸠占鹊巢来形容女子出嫁；《草虫》拿草虫鸣叫、蚱蜢相随蹦跳来形容夫唱妇随。

《诗经》中的动植物都是比兴手法传达的载体，它们都是"拟人化"的动植物，在一部仅有305首诗的诗集中，写到的动植物就达300多种，这充分反映了我们先民在"自然的人化"过程中所表现出的创造力和想象力。

《诗经》中描写了大量的动植物，既是一种文学现象，也是一种文化现象。这对以后古代文化发展产生了深远的影响。像松、竹、梅、兰、荷、菊、鹰、雉、鹊、虎、猿、马等等大量的动植物，作为情感符号屡屡出现在园林中。

透过《诗经》的比兴手法能解读出中国古典园林里动植物意象中隐藏的情感符号。下面列举一些最常见的动植物的园林意象。

鸟是男婚女嫁时的吉祥之鸟。《豳（bīn）风·东山》中描写的仓庚，也就是黄鹂，是婚嫁的吉祥之鸟。鸟还含有种族繁衍旺盛的意象，如《商颂·玄鸟》中说玄鸟是商代的祖先。

在园林里我们还可以看到"鹤园""放鹤亭""浴鸥""卅六鸳鸯馆"等等，鸟类中的鹤、黄莺、白鸥、鸳鸯在园林中运用得比较普遍。其中尤为突出的是"鹤"。因为鹤不仅是吉祥之鸟，它还代表着人丁长寿，进而彰显出家族的旺盛。

鱼作为《诗经》中另一个十分重要的动物意象，它有两种主要涵义。一方面，古人对鱼有原始崇拜，渴望能有鱼一样的繁殖能力；另一方面，它用来象征繁盛和富足，以《小雅·鱼丽》最具有代表性。

鱼的这两重意象在园林景点中也有所表现。园林里有很多莲花和鱼组成的吉祥图案。莲花是女性的象征，鱼象征着子孙众多，丰收富足的意思，两者结合的图案表达出对生活优裕、子孙满堂的原始愿望和追求。

鹿类繁殖力强，喜欢成群出没，有繁盛兴旺之意。中国古典园林中有很多景点也采用鹿的意象来表现家族繁盛兴旺。在园林里鹿与松树配合的"松鹿长寿"、鹿与鹤配合的"六（鹿）合（鹤）同（桐）春"的图案非常常见，寓意事业兴旺、富贵、长寿；还有以蝙蝠、鹿、桃寓意为"福、禄、寿"三星高照。

历代文人借松柏来抒情言志，在松柏身上寄予了更多的内在情感，松柏也成为中华文化的重要符号。《诗经》赋予松柏的品性，经过历代文人歌咏演绎，已经沉淀在中华民族的记忆中，例如"富贵寿考"（牡丹、松树、寿石）、"松菊延年"（松树、菊花）、"松柏同春"（松树、柏树）、"松鹤延年"（松树、鹤）等等成为颂祷祝寿的常用语。

松柏的品质也被运用到中国古典园林中，园林里常常种松柏、听松风，以此比喻园林主人的高洁情怀。如苏州网师园的"看松读画轩"、拙政园的"听松风处""松风水阁"、怡园的"松籁阁"、承德山庄的"万壑松风"等等。

《诗经》中用凤栖梧桐来比喻任用贤人。梧桐与凤凰，是圣洁的表征，成为后世园林中碧梧栖凤、梧竹幽居等景点的文化渊源。如苏州怡园的"碧梧栖凤"，环境清幽，榭北小院中种植了梧桐树、凤尾竹，交相辉映。

"桐"（梧桐）因为与"同"谐音，常常作为吉祥图案与其他物体配合，如与喜鹊配合，组成"同喜"的吉祥图案，与梅花鹿、仙鹤配合组成"六合同春"的吉祥图案。

桃是吉祥的象征。园林中的吉祥图案大多都离不开桃。如蟠桃献寿、三星高照中老寿星的头就是寿桃形状。寿桃与蝙蝠、双钱币组成"福寿双全"的雕塑图案。

梅花能成为爱情的象征，是因为梅花具有不改初衷的赤诚之心。另外，梅花冰清玉洁，具有坚韧的气节。梅花成为后世园林里重要的造景植物之一，如苏州拙政园中部的"雪香云蔚亭"，亭周遍植梅花；还有苏州香雪海的"梅花亭"、狮子林的"双香仙馆"；园林铺地还有梅花的吉祥图案，寓意梅开五福。

"葫芦"与"福禄"音同，它是富贵的象征，代表长寿吉祥；此外，葫芦的藤蔓很长，结子繁盛，它又被视为祈求子孙万代的吉祥物，它丰富多彩的吉祥图案被大量运用到园林装饰中。

例如，苏州园林的门窗、铺地、漏窗、宝顶等装饰上常常使用葫芦图案，同样还有以葫芦演变过来的宝瓶图案。在沧浪亭复廊上有形状简洁、图案优雅的葫芦洞门；狮子林的漏窗，窗芯用葫芦纹样设计构成，象征"子孙万代"。

第二十四讲 《楚辞》：
东方植物美学集大成者

《楚辞》是中国文学史上第一部浪漫主义诗歌总集，

全书包括屈原的作品，及后人承袭模仿屈原的作品，

书中常用"比兴"手法将植物作为抒情言志的载体。

一、中国式浪漫的源头《楚辞》

《楚辞》是中国文学史上第一部浪漫主义诗歌总集，相传是屈原创作的一种新诗体，其字面意思可理解为楚人的歌辞。

西汉末年，刘向将战国时期楚国人屈原、宋玉的作品，以及汉代淮南小山、东方朔、王褒、刘向等人承袭模仿屈原、宋玉的作品汇编成集，共十六篇，定名为《楚辞》。后来王逸增加了自己写的《九思》。

全书以屈原作品为主，其余各篇也是承袭屈原作赋的形式，运用楚国地区（即今湖南、湖北一带）的文学样式、方言声韵和风土物产等，具有浓厚的地方色彩，对后世诗歌产生了深远影响。

《楚辞》对整个中国文化系统具有不同寻常的意义，特别是文学方面，它开创了中国浪漫主义文学的诗篇，因此，后世称这种文体为"楚辞体""骚体"。

《楚辞》像《诗经》一样，写到了许多繁茂的植物，是一个绿色葱茏的世界。放眼看去，满是各种各样的植物：桂树、橘树、秋菊、蕙兰、辛夷、白芷、杜衡、杜若、申椒、宿莽、江离、薜荔、女萝，艳丽逼人的花朵、苍翠欲滴的树木、沁人心脾的芬芳和辛辣刺鼻的气味……诗人屈原将这一切用作比喻：比喻自己，也比喻他人。

《楚辞》简直就是东方植物美学的集大成者。但令人难以想象的是，屈原、宋玉，以及受《楚辞》影响至深的汉赋大家，他们并不是植物学家，为什么对名目繁多的植物有着如此丰富、细腻的了解和感知？

相比现代人，古人对自然万物中的草木有着深深的敬畏、崇拜。日常生活中常以草木为伴。人们相信草木具有祭祀神灵、驱邪祛毒、治病健身的神奇力量。

楚国当时是巫师聚居的地方，植物文化与巫文化有着天然关联。祝辞咒语和植物药材正是巫师的两种工具。在一些仪式中，"浴兰汤兮沐芳"，就是说要用兰、蕙、芷……这些香草来清洁身体，同时用香草来熏香，以示虔诚，接着用"椒酒""桂朵""精米"等物品来迎接、祭奠神灵。

《楚辞》中描写的植物都是楚国地区所见所闻，其植物意象鲜明、种类丰富，在我国古代文学作品中堪称一绝。由于诗人经常使用"比兴"

手法，这些植物作为抒情言志的载体，承载了丰富的文化信息，凝聚了厚重的文化底蕴。

作为社会总体想象下的产物，楚辞植物不仅包罗万象，而且意蕴优美，创立了大量的具有审美意义的情感符号，营造了无数令人遐想的艺术情境。

"兴"的手法比《诗经》少，而"比"的运用多了起来，这是《楚辞》的一个艺术特征。在强化自我的抒情诗中，比喻似乎更为直接和重要，这种率直更利于表现个人的情感。

在生机盎然的世界里，好人、坏人、我、君王、群僚、宵小等，都直接用植物作"比"。这在当时的听众那里，可以迅速地进入一种自然的联想，因为他们和诗人生活在同一时代，拥有同一个蓬勃烂漫的大自然，对这一切再熟悉不过。

在历史上众多文学作品中，我们很少能看到像《楚辞》和《诗经》中这样繁多的植物描写，以至于其中的草木花卉都成了学问，连孔子都感叹，可以通过《诗经》多认识草木的名称，《楚辞》自然也是如此。

《楚辞》以荆楚风韵为创作背景，以形态各异的植物为情感载体，吟颂花草，描写的植物多达100余种。其中植物品种出现次数较多的有白芷、兰（泽兰）、蕙（九层塔）、椒、荪（菖蒲）、桂、荷花、杜若、辛夷、棘、木兰等，提及植物种类较多的篇章有《离骚》《九歌》《七谏》《九章》《九叹》《九思》等，每篇约有21～32种植物。

根据书中描写的喜好与风格，可以将楚辞植物分为4个大类：香花香草类、恶草恶木类、经济作物类、神灵化的花草类。

二、《楚辞》里的香花香草

香花香草占了《楚辞》植物的较大比例，约为34种，而且主要集中在《离骚》《九章》《九歌》里出现。

这类香花香草的文化意义是积极向上的，多用来比喻贤德之人或君子，这也是楚辞植物的最大特色。

如《离骚》中描写的"制芰（jì）荷以为衣兮，集芙蓉以为裳"，说的是用荷叶裁制成上衣，用荷花花瓣做下装，用以比喻自身的洁白无瑕、出淤泥而不染。

"朝饮木兰之坠露兮，夕餐秋菊之落英。"意思是早晨我饮木兰上的露滴，晚上我用菊花残瓣充饥。诗中所描绘的秋菊，被赋予吉祥、长寿的含义。

"时暧暧其将罢兮，结幽兰而延伫。"说的是夜色降临，昏昏沉沉，我寄情于幽兰芳华，宁愿伫立久等。诗中描绘的幽兰恬静又温文尔雅，有清净、高洁、令人怀恋、品格高尚的意思。

此外，《九歌》中有不少篇章描述了鬼神的爱情生活，如《山鬼》《湘夫人》《云中君》等。

山鬼，就是山神。在楚国人那里，鬼和神并没有严格区分。只不过，这位山神是女神，而且是性爱之神。有人甚至说，她就是巫山神女。

因此，她在屈原的笔下，就显得十分迷人和性感："若有人兮山之阿（ē），被（pī）薜荔兮带女萝。既含睇（dì）兮又宜笑，子慕予兮善窈窕。乘赤豹兮从文狸，辛夷车兮结桂旗。被石兰兮带杜衡，折芳馨兮遗（wèi）所思。"

这段话的意思是说，好像有个人，在那山窝窝；肩上披着薜荔，腰间系着女萝。含情脉脉，微微笑着；你会爱慕我，身姿好婀娜。骑着红色猎豹，跟着花纹狸猫；辛夷木车上，桂花旗在飘。车身挂石兰，还有杜衡草；折枝花赠你，聊慰相思恼。

可见，豹子是山鬼的坐骑，也可能是驾车的。车身是辛夷木，旗帜是桂花树，车里装着石兰和杜衡。这些香花和香草，都是要送给心上人的。

据统计，《楚辞》中出现的香草有22种，包括荷花、芍药、兰花、石斛、菊花、射干等，均为一年生或多年生草本花卉，且大多数植株体或花果有香气；而香木有12种，包括木兰、肉桂、桂花、橘树、柚树、竹、柏等。

三、《楚辞》里的恶草恶木

《楚辞》中的恶草恶木约有10余种，这类植物枝干或植株某部分具有尖刺或者味道苦辣，具有一定的讽刺和厌恶的含义，比喻奸佞小人。

如《九思·悯上》："鹊窜兮枳棘，鹎（tí）集兮帷幄"中的"棘"是有刺灌木，"枳棘"比喻险恶环境。这句话的意思是，天鹅（比喻君子）被赶进荆棘遍布的丛林中，鹎鹕（比喻小人）却在帷帐中安图享乐，暗喻屈原生逢乱世、怀才不遇的感伤。

又如《七谏·初放》"斩伐橘柚兮，列树苦桃"中的"苦桃"是一种味道极苦、难以下咽的山桃。这句话的意思是，砍伐滋味甜蜜的橘柚，反而栽植味道苦涩的山桃，暗喻屈原被小人暗算，自身诚信却受到怀疑与诋毁的身世遭遇。

据统计，《楚辞》中恶草有11种，多为杂草、藤蔓等，如马兰、野艾、飞蓬等四处蔓生，是妨碍作物生长的常见杂草；蒖（shī，苍耳）、窃衣、蒺藜等果实有刺，容易粘附家畜皮毛，有损皮毛质量，是草场的有害植物。

又如《九叹·怨思》中描写的"筐泽泻以豹鞹（kuò）兮，破荆和以继筑"，大意是说，用豹皮袋装泽泻，拿木棒捣碎和氏璧。诗中的泽泻是一种全株有毒的植物，尤以地下块茎毒性最大，在诗中代表小人、坏人。作者借屈原的口吻，强烈抨击了忠直不见用、贤者遭谗害的黑暗世道，抒发了屈原报国无门，被迫流放的怨忿和惆怅之情。

《楚辞》中恶木则有5种，多为植株某部分有刺或味道酸苦的树木，包括棘、荆、苦桃、葛藟（lěi）、枳。其中棘的枝条上长满刺；荆是一种带刺的灌木，"荆棘林"常指以黄荆和酸枣为主体的低矮刺灌木林；苦桃果实苦涩；葛藟是葡萄科植物，果实味酸，不能生吃；枳就是枸橘，果实酸苦，不宜生吃，整株植物都有刺。

四、《楚辞》里的经济作物

楚国地处长江流域，水土丰美，物产丰富。因此，经济作物出现在《楚辞》华美的篇章中，用来歌颂良田美地，包括粮食作物、用材树种、果树、野菜等，共计34种。

具体包括黍、菱、黄粱、稻、麦、菰（茭白）等谷类作物；柏、梧桐、杨、榆、梓、枫、竹等用材类树种；桑、板栗、榛子、柘（甘蔗）

等果树；薇（野豌豆）、荼（苦菜）、荠菜、蒌蒿、水蓼、冬葵、藜、堇（石龙芮）等野菜。

这类经济作物比较集中体现在《天问》《招魂》和《七谏》等篇章中，集中反映了当时楚国富饶的田园风光和风土人情。

五、《楚辞》里的神花神草

还有一类神灵化的花草，在现实世界中其实并不存在，而是诗人通过自己的想象，运用比兴的手法，赋予它们一定的神性或者灵性的功能，寄予自己的美好愿望。

如"若木"是神话中的玉树，"琼枝""玉英""荣华"是玉树上的枝叶和花朵，而"琼茅""靡萍"则是传说中的灵草。

这一类神灵化花草是建立在第一类香草文化意义基础之上，将诗人对美好生活的向往，通过这些现实中不存在的花草来展现，寄托情思。

第四篇
民俗与园林

中国传统节日：
节日民俗与园林

传统节日是弘扬和培育中华民族精神的重要文化载体，
可以分为生产类、祭祀类、纪念类、家庭类四个大类，
节日民俗文化应当融合到现代园林设计中，发扬光大。

一、中国传统节日的分类

上下五千年的悠久历史孕育了灿烂辉煌的中华文化。在中华民族漫长的历史中所形成的春节、清明、端午、中秋、重阳等众多传统节日和少数民族节日，是中华优秀传统文化的历史积淀，是中华民族精神和情感传承的重要载体，是维系祖国统一、民族团结、文化认同、社会和谐的精神纽带，是中华民族生生不息的不竭动力。

中国传统节日，形式多样、内容丰富，涵盖了原始信仰、祭祀文化、天文历法、易理术数、地域特征等人文与自然要素。

从远古时期发展而来的中国传统节日，不仅清晰地记录着中华民族先民丰富而多彩的社会生活内容，也积淀着博大精深的历史文化内涵，它反映了我国人民对美好生活的向往和追求，体现了人与自然、人与社会的和谐关系。

按照节日的性质和功能划分，大致可以把传统节日分为生产类节日、祭祀类节日、纪念类节日以及家庭类节日等几大类。

（一）生产类节日

中国古代社会的封建性质，决定了农业在社会经济生活中占主导地位，农民的生活来源是自己耕种的粮食，靠"天"吃饭。

因此，百姓常常祈求风调雨顺，保证粮食收获来维持生计，传统节日的雏形就是在农民生产活动的基础上逐渐演变而来的，多以"祭天"为节庆主题，后经发展逐渐丰富了节日的内涵。

最具代表性的生产类节日当属"龙抬头"（农历二月二日），又称"农事节""春耕节""春龙节""青龙节"。在农耕文化中，"龙抬头"标示着阳气生发，雨水增多，而降雨又决定着庄稼的收成，庄稼的收成则决定着人们的生活水平。人们在仲春"龙抬头"这天祈求龙王消灾赐福、风调雨顺、五谷丰登。

（二）祭祀类节日

祭祀类节日可以依据祭祀内容与对象的不同，分成祭神节日、祭祖节日、祭鬼节日、祭灾节日及某些宗教活动形成的民间节日等。

这类节日来源于中国原始社会的殉葬风俗。古人相信人死后灵魂不死。人们祭祀祖先既是对祖先的敬仰，又是希望祖先保佑后辈人平安。

例如，农历七月十五"中元节"是祭祀类节日中的典型代表，也称"盂兰盆节"。七月半是民间初秋庆贺丰收、酬谢大地的节日，有若干农作物成熟，民间按例要祀祖，用新稻米等祭供，向祖先报告收成。它是追怀先人的一种文化传统节日，其文化核心是敬祖尽孝。

（三）纪念类节日

纪念类节日是以纪念某一历史人物或历史事件为主线。这类节日中往往夹杂着民间传说故事，节庆活动往往基于传说故事展开。

如"寒食节"，亦称"禁烟节""冷节""百五节"，是为纪念春秋时期晋国名臣介子推的。介子推曾在晋国公子重耳逃亡路上，快要饿晕之时，割下腿上的肉来救他。后来重耳当上国君（即晋文公），介子推却隐居绵山不肯受赏。晋文公火烧森林逼他出来，介子推抱着大树活活被烧死，晋国人为了悼念他，每年的这一天禁火，所以称之为寒食节。

（四）家庭类节日

在中国社会里，家庭是社会的细胞，中国的传统节日中有很多都是以家庭情感为中心的节日。

例如，除夕、春节、元宵节、中秋节都是家庭团圆节，为家庭团聚提供了时机。我国传统节日的节庆活动大都以家庭为中心，体现了传统的家庭伦理价值观。

二、传统节日的起源与发展

上古时期是中国传统节日的起源期。在这一时期，人类文明开始发端。虽然这一历史时期人类没有文字记录可以考证，但是它为人类文化的发展奠定了基础，这是毋庸置疑的。

先秦时期，春节、端午节、中秋节等传统节日已初具雏形。但是，由于社会文化的局限，节日内容少、节庆方式简单。节庆习俗仅仅是对神灵的原始崇拜，带有浓厚的封建色彩。

到了汉代，中国主要传统节日春节、元宵节、寒食节、端午节、七夕节、重阳节等已基本形成。其主要原因在于：其一，汉代国家统一的局面促进了全国各地文化的发展，使先秦时期的各个分散国家的文化合为一体；其二，人们对自然的认识逐渐科学化，打破了单纯对神灵的信仰和崇拜；其三，由于汉武帝"罢黜百家，独尊儒术"，传统节日注入儒家的礼俗，节庆仪式更贴近百姓生活。

唐宋是我国历史上经济最繁荣的时期。传统节日文化的发展也到达顶峰。各个传统节日的节庆方式和节日内容得到完善和发展。

明清时期，传统节日发展趋于稳定。

鸦片战争爆发后，伴随着西方列强侵占中国领土，西方的文化带到中国。西方节日的娱乐化特点为中国传统节日注入了新的活力。

辛亥革命时期，封建思想受到冲击，中国传统节日受到压制，传统节日礼俗越来越淡。春节时，人们改去拱手礼，互送卡片；元宵节改花灯为电灯；端午节不再赛龙舟，而是举办体育比赛和新游戏。甚至在节日期间，吃西餐、喝洋酒也成为上流社会的时尚。传统节日在此时期注入了西方元素，许多封建元素已经消失殆尽。

目前，传统节日经历了千百年的传承演进过程，呈现出存续与衰亡并存的局面。

一些节日在当今仍在传承发展，诸如春节、清明节、端午节、七夕节、中秋节、重阳节、中元节，已列入国家非物质文化遗产名录，它们依然在人们生活中存续，且葆有勃勃生机。

另有一些节日则气氛逐渐淡化，并有滑向消亡的危险，诸如龙抬头、上巳节、冬至节、腊八节等。

此外，还有一些节日在当代已基本衰亡或早已湮灭，诸如清明前一日因纪念介子推而禁火冷食的寒食节，正月二十日以红线系煎饼放屋顶纪念女娲补天的天穿节，二月初一用青囊盛五谷瓜果相馈赠以祈求丰收的中和节，六月六日禁屠、晒书、晒衣的天贶（kuàng）节，十月初一烧纸衣为亡亲送"寒衣"的寒衣节，等等。

三、传统节日民俗的内容

中国传统节日是在人们的社会生活中约定俗成的、具有某种风俗活动内容的特定时日。节日的形成与发展，经历了十分漫长的历史。在这期间，形成的节日民俗不仅记载着我们祖先对自然运动规律的认识与把握，也显现出各个不同历史时期的社会、经济、科技发展的水平，同时，也反映了我国民众那种张弛有度、应时而作的自然生活节律。

我国的节日民俗有鲜明的农业文化特色，为了便于介绍，下面按照节日的岁时节律分类描述。

中国主要传统节日与民俗

岁时节律	节日名称	节日时间	主要民俗
春季	春节	正月初一	除旧布新、迎春祈福
	元宵节（上元节）	正月十五	张灯看灯、祭祀天神
	春龙节（龙抬头）	二月初二	春耕播种、祈福纳祥
	社日节（土地诞）	二月初二	祭祀社神、观看社戏
	花朝节	二月十二~二月十八	祭拜花神、祈福禳灾
	上巳节	三月初三	祭祀宴饮、曲水流觞
	寒食节	清明节前一天	禁火冷食、祭奠祖先
	清明节	公历4月5日前后	扫墓祭祖、踏青郊游

岁时节律	节日名称	节日时间	主要民俗
夏季	端午节	五月初五	迎祥纳福、辟邪除灾
	天贶节	六月初六	晒衣晒书、人畜洗浴
秋季	七夕节	七月初七	祈祷姻缘、乞巧祈福
	中元节（七月半）	七月十五	庆贺丰收、祭祀祖先
	中秋节	八月十五	祭月赏月、祈盼团圆
	重阳节	九月初九	登高祈福、感恩敬老
冬季	寒衣节	十月初一	祭祀祖先、烧纸送衣
	下元节	十月十五	祈福消灾、祭祀祖先
	冬至节	公历12月22日前后	农历小年、祭祀祖先
	腊八节	腊月初八	佛祖成道、祭奉诸神
	祭灶节（小年）	腊月廿三或廿四	迎春扫尘、祭灶王爷
	岁除（除夕）	腊月廿九或三十	阖家团圆、祭祀祖先

（一）春季节日民俗

春回大地，万物复苏；但冻土初开，农事不多，农民生活相对清闲。人们在春季节日里以祭天敬祖、鼓励农耕、拜大年、赏花灯、闹社火、踏青郊游、祈福禳灾为主要的民俗活动。人们通过一个个春天的节日，频频播下希望的种子，企盼着秋天的好收成。

（二）夏季节日民俗

入夏，农事渐忙，少有闲暇；而且上年的余粮快吃完了，新播种的尚未采收，青黄不接，再加上炎夏暑热，容易滋生疾病，所以夏季主要节日是端午节，其习俗主要以驱邪避瘟、除恶祛毒为主。盛夏酷暑，还有晒衣服、晒书、洗浴等习俗。

（三）秋季节日民俗

金秋时节，新谷登场、瓜果成熟，人们怀着丰收的喜悦。在七月半时，把新收获的稻谷煮成米饭，祭祀祖先，同时拯救地狱里的孤魂野鬼。在八月十五中秋节，人们要团聚赏月。九月九日重阳节，人们还要饮酒登高。这些风俗既是报答神明，也是慰劳自己。

（四）冬季节日民俗

冬季来临，粮仓丰足，猪羊满圈。人们舂米磨面、酿酒腌肉、"送寒衣"、冬至献鞋袜给舅姑、数九寒天消寒、饮酒固护阳气。直到喝完腊八粥，又开始为春节做准备。至此，新一轮的循环又重新开始。

四、节日民俗在园林设计中的应用

俗语说："十里不同风，百里不同俗"，充分说明中国文化具有明显的地域性特点。这些沉淀了民族文化的遗存，代表着民族的精神特质，反映着民族的宗教信仰与民俗风情、传统文化等，都成为具有本民族特征元素的主要组成部分。

节日民俗文化元素包罗万象、内涵丰富，每一个元素都有传递信息的作用。从这些民俗文化元素中，可以感知民族的精神和力量，并产生自豪感，从而促使民族的进步与发展。

节日民俗文化蕴含的民族风情与国家精神，是园林景观的思想主流。这些被保留下来的民俗文化应当融合到现代园林设计之中。

因此，设计师在园林设计中，要充分尊重当地的节日民俗文化，根据设计所要展现的要求，结合当地特色文化，设计出不同风格的地域特色园林景观，实现地域文化与园林景观的融合发展。

节日民俗作为一种独特元素渗透到现代园林设计中，可以为作品带来新的创作灵感，使得整个园林设计更加贴近人民生活、符合大众品位、更具生命力。

节日民俗现象存在于人们的日常生活中，反映的是人们物质生活和精神生活场景，与大众生活息息相关，通常以非物质形态表现出来。比如元宵节时，北方会举办各种秧歌舞、猜灯谜，端午节时南方的赛龙舟，苗族人民吹笙跳舞等民俗现象等，都可以融入园林设计。

在具体的节日民俗园林设计中，我们需要考虑该如何巧妙合理地运用，而不是生硬地插入民俗元素。

在节日民俗园林设计中需要注意以下几点：①根据景点所反映的主题和气氛，寻找符合情景的节日民俗元素。②每一个设计都有自己的结构和要求，可以对选择的节日民俗元素进行合理的改造，使之更自然地融合到整个园林设计中。③融入节日民俗元素的园林景观具有一定的观赏功能、实用功能和感知功能等。园林景观具备了功能性才会显得更有活力。

接下来，我们将介绍几个与园林息息相关的节日——花朝节、上巳节、七夕节，及其民俗活动内容。

花朝节：
百花生日祭花神

花朝节是中国古代早春雅俗共赏的传统节日，

饱含着华夏传统花神文化和农耕文化的特质，

其赏花、扑蝶等习俗是园林设计的重要素材。

一、花朝节的起源和发展

花朝节是中国早春雅俗共赏的传统节日，其重要性曾与元宵节、中秋节相当。从古至今，经历了兴起、繁盛、衰落直至被人遗忘，又在当代复兴的过程。即便某些地区（如武汉新洲）的花朝节一直存在，但基本脱离了传统节庆的范畴，演变为交易集市。

虽然随着近代社会的变迁，逐渐淡出人们的视线，但花朝节所具有的文化魅力并未褪去，作为传统民族文化的重要组成部分，其踏青赏红、种花挑菜等习俗一直得以延续，依旧是文人雅士、市井百姓的精神食粮、生活传统，饱含华夏传统花文化和农耕文化的特质。

近些年来，随着经济社会发展和人们生活水平提高，精神文化和休闲娱乐需求不断提升，花朝节作为传统节庆中"雅文化"的代表，重新为人们所重视。在浙江，花朝节已入选省级"非物质文化遗产名录"。

花朵象征美好、芬芳，更象征繁荣。给百花定"生日"并冠以"花朝节"的，据说只有中国，且早在春秋时期就有了这个节日，《陶朱公书》中有记载："二月十二为百花生日，无雨，百花熟。"

花朝节的具体日期因地而异，与花信有关。

晋代周处在《风土记》一书中说："浙间风俗，言春序正中，百花竞放，乃游赏之时，花朝月夕，世所常言。"春序正中就是二月十五。据说这是与八月十五中秋节相对应，花朝和中秋合称"花朝月夕"。

到了唐代，正月十五的元宵节、二月十五的花朝节、八月十五的中秋节，这三个"月半"，被视为同等重要的传统佳节。

到了宋代，花朝节的日期被提前到二月十二或二月二。而且，开封、北京、西安、成都及苏州等地均以二月十二为花朝。此外，还有一些地区以二月十八为花朝节。有的地方则以二月二为小花朝，二月十五为大花朝。

二、十二花神的传说

花朝节是纪念百花的生日，简称花朝，俗称"花神节""百花生日""花神生日"。历代文人墨客玩味、吟咏百花，弄出许多逸闻趣事，而且造就出十二个月的花神来。

谈到"十二花神"，首先要解释"月令"和"花月令"。

所谓"月令"，本意是指农历某月中的气候、时令。民间将天象、物候等自然规律与祭祀礼仪、农业生产操作、人民生活习俗按月归类总结，而统治阶级将这些规律和活动定为政令加以施行。

"花月令"是民间将一年四季中一些主要花卉的开花、生长状况，以诗歌或者经文的形式记录下来，读起来朗朗上口，便于记忆，这样有利于花事、农事。

"十二花神"是指一年的12个月，每月有一种当月开花的花卉，叫作月令花卉；而每月有一位或多位才子、佳人被封为掌管此月令花卉的花神。

"十二花神"是流传民间的民俗题材，版本很多，花神人物形象众多，在史料中没有找到官方的或权威的版本。但随着历史的发展变迁，十二月令花卉的种类和顺序也有差异，其对应的花神更是众说纷纭，比如正月梅花花神就有寿阳公主、江采苹、林逋、柳梦梅等不同说法。

很多历史传说以及文学作品中的女子，因为喜爱某种花卉，并与所对应花卉的故事传说流传甚广，其形象又深受百姓的喜爱、同情或怜悯，往往就会被文人墨客赋予花神的称号。

例如，"回眸一笑百媚生，六宫粉黛无颜色"的杨贵妃，在安史之乱中含恨自尽于马嵬坡，正逢杏花盛开时节，花瓣漫天飞舞，美人香消玉殒，杨贵妃由此化身为杏花花神；还有在西湖浣纱采莲的西施为荷花花神；面似桃花却又红颜薄命的息妫夫人为桃花花神等。

一些著名的文人雅士，因为对某种花卉的喜爱，而留下与此花卉有关的名篇，并借花表达自己的人格气节、高尚情操，也被后人尊为花神。

例如，写下"云想衣裳花想容，春风拂槛露华浓"等赞美牡丹名句的李白为牡丹花神；《爱莲说》的作者周敦颐为荷花花神；"采菊东篱下"的陶渊明为菊花花神等。

明末黄周星在《将就园记》中说："有花神，主祀百花之神，而以历代才子、美人配享焉。"这些深受人们尊敬、同情和喜爱的人物，被奉为花神，因此成为特定花卉的象征，其美丽的形象或高尚的品格也随花神文化的流传而得以传承和弘扬。

"十二花神"所掌管的月令花卉都原产于中国，栽培历史悠久，被广大人民群众所熟悉并喜爱，同时被历代文人雅士赞颂。

这十二月令花卉的排序符合我国大部分地区的物候规律，其中包括我国自元代至明代逐步形成的传统名花，如兰花、海棠、月季、牡丹、芍药、荷花、桂花、石榴、菊花、梅花、山茶、水仙等。

民间流传的"十二花神"版本汇总表

农历月份	月令花卉	女性花神	男性花神
正月	梅花	（南北朝）寿阳公主、（唐）江采苹（又称梅妃）	（北宋）林和靖、柳梦梅
二月	杏花	（唐）杨贵妃	（东汉）董奉、（上古）燧人氏
	兰花	（南北朝）苏小小	（战国）屈原
三月	桃花	（春秋）息侯夫人妫氏、（元）戈小娥	（北宋）杨延昭、（唐）皮日休、（唐）崔护
四月	牡丹	（西汉）丽娟、（东汉）貂蝉、（唐）杨贵妃	（唐）李白、（北宋）欧阳修
	蔷薇	（西汉）丽娟、（南北朝）张丽华	（西汉）汉武帝
五月	石榴	（西汉）卫子夫	（唐）钟馗、（西汉）张骞、（南北朝）江淹、（唐）孔绍安
	芍药		（北宋）苏轼
六月	荷花（或莲花）	（春秋）西施、（唐）晁采	（北宋）周敦颐、（南北朝）王俭
七月	秋葵	（西汉）李夫人	（南北朝）鲍明远、（东晋）谢灵运
	玉簪	（西汉）李夫人	
	凤仙花		（西晋）石崇
	鸡冠花		（南北朝）南陈后主陈叔宝
八月	桂花	（唐）徐贤妃（徐惠）、（西晋）绿珠	（五代）窦禹钧（也称窦燕山）、（南宋）洪适
九月	菊花	（西晋）左贵嫔（又称左芬）	（东晋）陶渊明
十月	芙蓉花	（五代）花蕊夫人、（北宋）谢素秋	（北宋）石曼卿
十一月	山茶花	（西汉）王昭君	（唐）白居易
腊月	水仙花	（上古）娥皇、（上古）女英、（东汉）洛神、凌波仙子	（春秋）俞伯牙
	蜡梅	（北宋）佘太君（也称老令婆）	（北宋）苏东坡、（北宋）黄庭坚

注：①出自《牡丹亭》的柳梦梅和传说中的水仙花神凌波仙子，无朝代可考；②兰花比较特殊，一年四季均有不同种类的兰花开放，在不同版本的"十二花神"中，兰花分别出现在农历正月、二月、七月和十月，在这里暂且将兰花放在二月。

三、花朝节赏花习俗

在我国古代，花朝节是重要的民间传统节日。"百花生日是良辰，未到花朝一半春。万紫千红披锦绣，尚劳点缀贺花神。"清代诗人蔡云的一首《咏花朝》，短短四句便将旧时江南民间庆贺百花生日风俗的盛况跃然纸上。早春，芳菲盛开、绿枝红花，为花朝节活动提供了繁丽丰硕的天然背景。

宋代以前，过花朝节是高雅习俗，在民间并不普及。自北宋开始，活动内容日渐丰富——踏青赏花、女子剪彩花插头、花间扑蝶、皇帝赐诗、种花、栽树、挑菜、祭花神等，并逐渐扩大到民间的各个阶层。南宋以后，每到花朝节，花农们会去花神庙，献上牲口等祭品，演奏音乐为花神"祝寿"，祈求花神保佑花木生长。

赏花是一种情趣高雅的活动。置身于花卉的美色与香气之中，不仅能陶冶性情、增添生活乐趣，而且有益于身心健康。青年男女漫步花丛中，踏青赏花，非常浪漫；文人墨客触景生情，吟诗作画，饮酒击剑；花匠或花卉爱好者，更是大展身手，纷纷"赶花会"，在购买花卉之时，欣赏各种杂耍演出，其乐无穷。

在一些地方，这一天，少女们要用绸缎或棉絮制作百花娘子和布娃娃，意为祈祷自己像百花娘子一样聪明美丽；年长的女子则停下刺绣，烧香点烛膜拜供在桌上的绣花绷子，以求自己能做得一手好女红。而不少作家更是刻意安排笔下的女主人公与百花女神同一天生日，比如《红楼梦》的林黛玉、《金粉世家》里的冷清秋都是农历二月十二生的。

正如清代诗人张春华在《沪城岁事衢歌》中所写："春到花朝染碧丛，枝梢剪彩裹东风。蒸霞五色飞晴坞，画阁开尊助赏红。""赏红"，就是剪红绸条之类的挂在花木上，为花祝寿，有祝花木繁盛、人寿年丰的含义。

花朝节悬彩护花的习俗起源，据说与一位名叫崔玄微的花迷有关。

唐朝天宝年间，某年二月十二，一群风姿绰约的花仙来到崔玄微的园中，告诉他百花本要迎春怒放，可风神意欲阻挠，特请他置备彩帛悬于花枝之上以抗风护花。不久，果然狂风大作，枝上百花幸好有彩帛护持，一朵也没有凋落。

后来，喜爱花卉者竞相仿效，因此形成习俗。由于悬彩护花的时间必须安排在五更（凌晨三点至五点），故称"花朝"。后来，这个美丽的传说，被明代文学家冯梦龙巧妙移植，改写成白话短篇小说《灌园叟晚逢仙女》，收入《醒世恒言》第4卷。

四、花朝节扑蝶习俗

在花朝节诸多的风俗中，要数"扑蝶会"最为盛行。尤其是在宋朝，更一度把花朝节改为"扑蝶节"。唐宋单以蝴蝶为题的诗有近40首，以蝶入诗句者有数百首之多。

扑蝶是一种春季游戏。南北朝时期的《荆楚岁时记》记载说："长安二月间，士女相聚，扑蝶为戏，名曰'扑蝶会'。"在家憋了一个冬天的闺中女孩，在这一天踏青扑蝶，开展游戏活动，放松身心，场面十分热闹。这里虽未提及花朝，但与花朝节的时间基本吻合。

宋代诗人杨万里的《诚斋诗话》则明确指出："东京（今开封）二月十二日曰花朝，为扑蝶会。"

春暖花开时节，莺歌燕舞，蝶舞蜂飞。蝴蝶与花相恋，十分美丽，性情温婉宜人。二八少女身穿罗裙，手执纨扇，皓腕凝雪，娇态可掬，这扑蝶该是怎样旖旎动人的场景！

北宋时的北方地区，每年农历二月十五称为"中春节"，与南方地区为了玩乐的扑蝶不同，节日当天，文人雅士，不管为官还是在野，均呼朋引伴，饮酒赋诗，欣赏名花。凡参加的人，必须自带一壶美酒、一碟好菜，且须有佳人同行。

花朝节寄托着人们对美好生活的向往，对春日、生命、绿色的亲近和渴望，理应与端午节、中秋节等传统节日一样，受到重视与保护，并结合现代花卉及园林的发展，丰富人民群众的文化生活。

上巳节：
史上最早的情人节

上巳节又叫三月三，是中国重要的传统节日之一，
最初是在水边开展祭祀、沐浴、驱灾辟邪等活动，
并发展为情人节、求子节、诗歌节、全民狂欢节。

一、上巳节的由来

在古代，上巳节是最重要的传统节日之一，它源于春秋时期，兴于两汉，盛于魏晋隋唐，一度与春节、中秋齐名。宋代以后逐渐融入清明节。最初这一节日在农历三月的第一个巳日，因此被称作"上巳"，也称为"三巳""元巳"。

但农历三月上巳日每年都不固定，魏晋以后，可能出于对奇数叠加的偏好，将上巳节定在了农历三月初三，所以，上巳节又叫"重三节"或"三月三"。

上巳节是由民间习俗逐渐演化成为节日的，历史久远，活动内容极为丰富，文化内涵深邃。随着历史的推移，上巳节的习俗也不断发生变化，最初是祭祀、沐浴等活动，随着官方的介入，以曲水流觞为典型，娱乐性逐渐加强，并在唐代达到繁荣的顶峰。到了宋代，上巳节开始日渐衰落。时至今日，只有一些少数民族依旧保留着三月三的古朴民风和娱乐模式。

二、祭祀、沐浴习俗

上巳节传统的民间活动可以追溯到春秋时期，如《周礼·春官·女巫》记载："女巫掌岁时祓（fú）除衅（xìn）浴。"说明远在周代，女巫用香薰和草药浴给人们除灾祛邪的习俗已经在民间广为流传了。

据说，这一天是黄帝的生日，也是传说中西王母的生日。古代这天，人们要到水边去祭祀，并用香薰的草药沐浴。

当时，上巳节最主要的活动是在水边被禊（fú xì）。被禊的习俗在周代就有了，是中国古代一项郑重的巫术仪式活动，得到官方的承认并广为推广。

所谓"被"，意思是驱除疾病、清洁身心；而"禊"的字面意思是"修整、洁身、洗浴"，说白了就是祭祀和沐浴。

因此，"祓禊"指的是初春时节，在水边举行祭祀并沐浴洗濯，以求赶走冬天的不祥，属于"除恶之祭"。

根据大自然的物候特征，我们不妨这样推测，阳春三月，万物复苏，草长莺飞，蛰居已久的民众，尤其是朝气蓬勃的青年男女，走出村舍府邸，到水边踏青、嬉游、采兰，以驱除不祥，以清醒心智，他们把自身生命的活力融入自然生命的复苏与勃发之中，在清心悦目的鸟鸣声里，在杏红桃夭的氛围中，祈愿着、实现着自身心灵深处的梦想和希望。

虽然，起初这样的活动含有一定的巫术意味、野合色彩，但后来被士人赋予风雅，被官方提倡推广，便成为一种生机勃勃的节日。

每年这一天，上至天子诸侯，下至黎民百姓，都穿上新缝制的春装，全城人相约出行，或到江河之滨嬉戏沐浴，或到深山幽谷采摘兰草，或去郊外田野宴饮行乐，认为这样可以驱除不祥。

自汉代以后，上巳节在水边祓禊的活动非常盛行，上巳节成为汉族的亲水节。唐宋时期，上巳节仍然保留着水边祓禊的习俗。唐宋以后，随着上巳节的衰落，祓禊习俗也不再盛行。

但在一些地区，至今仍存留着上巳节祓禊习俗的一些遗迹，如太行山区的姑娘们仍在三月三进行"桃花浴"，傣族以泼水的方式除恶，山西介休用祭水神的习俗来代替祓禊的古俗等。

三、择偶、求子习俗

上巳节是中国最早的情人节，记载于《诗经》中，比西方情人节早了一千多年。这一天的主要活动之一就是男女相会，相互表达爱慕之情。

古人讲求顺天应时。上巳是青年男女固定的幽会欢乐时节。那一天，青翠的大地上四处飘扬着欢歌笑语，青年男女们结伴对歌，互赠信物，在水边相聚，私定终身。

《诗经·郑风·溱洧（zhēn wěi）》描述的青年男女相会于溱洧，互赠芍药便是例证："溱与洧，方涣涣兮。士与女，方秉蕑（jiān，一种兰草）兮。女曰'观乎?'士曰'既且。''且往观乎!'洧之外，洵訏（xū）

且乐。维士与女，伊其相谑，赠之以勺药。"

意思是说，溱河洧河，波澜壮阔，帅哥美女，手中捧兰。美女说："去看看吗?"帅哥说："刚刚看过。"美女说："再去一趟又何妨?"洧河两岸真宽阔，帅哥美女好欢乐。美女帅哥，相互玩笑，临别互赠，美丽芍药。

古代女性外出游玩的机会不多。而在万物萌发的春季，穿着轻便的衣服，跑到河里洗浴，弄湿身体，这在古代是难以抵抗的诱惑。

古人留下了许多上巳节约会习俗的明示或暗示。比如南朝梁著名诗人沈约的《三月三日率尔成篇》诗中就说："洛阳繁华子，长安轻薄儿……清晨戏伊水，薄暮宿兰池……宁忆春蚕起? 日暮桑欲萎。"

在古代，蚕桑通常是女子的工作，而"繁华子""轻薄儿"却是指青年纨绔。这里说姑娘们和"繁华子""轻薄儿"贪玩嬉戏，早晨戏水，晚上就宿在"兰池"，结果耽误了蚕桑的工作。

先秦以后，三月三情人节在各代流传下来。到唐朝，诗人杜甫那句"三月三日天气新，长安水边多丽人"，更将其摇曳绮丽的风情描写得淋漓尽致。

其实，上巳节的起源，可追溯到远古。当时，母系氏族社会还没有婚娶制度，实行的是一个氏族与另一个氏族对偶婚的方式。在经过了一个漫长的冬季后，明媚的春光迎来了繁忙的播种，青年男女也有了择偶相配的需求。于是，人们便在祭祀天神、地神、春神以求农业丰收的同时，又祭祀女性的生育神以祈求子孙繁衍。

因此，在上巳节活动中，最主要的活动之一是祭祀高禖，即管理婚姻和生育之神。古时候祭祀高禖多在郊外，又称为"郊禖"。在汉代画像石刻中就有高禖神形象，她与婴儿连在一起。

起初，上巳节是一个巫教活动，通过祭祀高禖、祓禊和男女相会等活动，除灾避邪，祈求生育。从这种意义上说，上巳节是一个情人节、求子节。

四、曲水流觞习俗

自汉代以后，上巳节俗活动内容发生了很大变化，特别是在魏晋时期，曲水流觞成为上巳节的主要活动，上巳节由最初的祓禊和男女相会等民间活动，发展为由达官贵人或文人墨客参与的诗的盛会。

曲水流觞这种风雅习俗见于著名书法家、文学家王羲之的《兰亭集序》。

三月三兰亭集会是一个群贤聚会的活动，并且经文人墨客的艺术化再现，赋予了更为浪漫的情调。从此，上巳节兰草芬芳，羽觞流光，书香弥漫，雅韵绵长。

曲水流觞，游宴吟诗，挥毫泼墨，一段兰亭逸事，使得上巳节具有了诗歌节、书法节的文化意蕴。

魏晋时代是人性张扬和审美勃兴的时代，上巳节的娱乐性增强，人们对祓禊活动也不再像原先那样保持一种神圣庄重的态度。

上巳节为士人提供了身临山水的时机，士人的视角从祭祀转向对山水的领悟，由山水崇拜转为对山水的审美观照。诗人因景而动，勃发出审美激情："三春启群品，寄畅在所因。仰望碧天际，俯磐绿水滨。寥朗无崖观，寓目理自陈。"（王羲之《兰亭诗》）他们在茂林修竹、涓涓清流之中"游目骋怀"，"仰观宇宙之大，俯察品类之盛"，"极视听之娱"，慨叹人生无常、盛衰相替。

上巳节出游踏青、曲水流觞、吟诗作赋、管弦丝竹、书法华章等成分赋予了这一节日浓郁的文化气息，山水诗酒的精致结合成为一种美丽的梦想，植入了中华文人心灵的深处，对后世产生了深远的影响。

五、娱乐、狂欢习俗

经过魏晋南北朝的悲欢离合，隋朝的边疆统一和唐初贞观之治的开拓发展，到盛唐时期，国力已达到极盛。可以想象，国力繁盛、边境安宁、皇帝倡导、群臣拥簇、百姓喜悦，每到山川秀美、气象万千的春日，能不让人兴奋吗？这时，上巳节踏青游春、戏水赋诗、君臣宴饮的盛世狂欢终于登上历史舞台。

大量的娱乐活动是唐代上巳节的重要表现。

张说《奉和圣制观拔河俗戏应制》中说："春来百种戏，天意在宜秋"，反映唐代春天娱乐活动非常丰富。

另外，上巳节、寒食节、清明节前后日期相近，三个节日重叠，就使得上巳节活动异常丰富。如寒食和清明的斗鸡、荡秋千、踏青、蹴鞠、拔河、放风筝、斗百草、抛堶（tuó，瓦石器玩具）、射骑等许多活动也融入上巳节。

彩船竞渡是唐代上巳节不可或缺的活动。朝廷对上巳节置备彩船的花费巨大，三十只船就要花费半年的转运费用。

唐代上巳节的繁荣与统治者的支持息息相关。政策及财政的支持为营造一个歌舞升平、官民同乐的上巳节提供了坚固基础。

三月三是任命文武百官的追赏日。另外，百官在这一天有幸会被赏赐五百文至十贯。无论是封赏，还是赐金，无疑会增添上巳曲江宴欢庆的氛围。

中唐时期，上巳节表现出稳定的娱乐性。其他节日会因故临时取消，而上巳节一般都照常举行。据《唐会要》记载："元和二年正月，诏停中和、重阳二节赐宴，其上巳日仍旧。"统治者甚至能不因哀事取消上巳节的娱乐活动。

可见，上巳节在唐代以娱乐性为主，可以说是一种全民性的狂欢节。

总的说来，上巳节由当初水边祓禊、驱除不祥的宗教仪式演变成游山玩水、饮酒赋诗的娱乐佳节，原本的宗教色彩逐渐淡化，充实了生活化、娱乐化和审美化的内容，发展成为中国古代的亲水节、情人节、求子节、诗歌节、书法节，乃至全民狂欢节，节俗活动雅俗共赏，普适性极强。

可惜的是，自宋代以后，因为诸多因素的影响，尤其是在礼教的束缚下，使得当时男女在公众场合幽会被视为不雅的行为，上巳节这种典型的开放式交往模式被打破，节日的参与者受到传统礼教的约束，其狂欢盛况也不复存在。宋代的文学作品中记载的上巳节情形已有冷清落寞之状，多是追思前代上巳节的盛况。

由于上巳、清明、寒食三个春天的节日时间相近，节俗内容有交叉之处，清明祭扫所蕴含的孝道文化又最贴合封建统治文化的主流，宋代以后，古老的上巳节便与寒食节一起渐渐隐入了清明节，只留下了一个美丽的背影令人怅惘低回。

值得庆幸的是，近年来保护民族传统节日的意识逐渐觉醒，唤回传统记忆、糅合现代元素、以实际行动保护祖国非物质文化遗产的呼声日益高涨。弱化的上巳佳节有重回人们视野之势，实乃中国传统文化的幸事。

第二十八讲 七夕节：
中国传统的情人节

七夕节又叫乞巧节，是我国重要的传统节日之一，
其习俗包括乞巧、乞子、乞福寿、乞爱情长久等，
并逐渐演绎出凄美的民间爱情故事《牛郎织女》。

一、七夕节的来历

七夕节是我国重要的传统节日之一，又叫"乞巧节""巧日"或者"巧节"，因其节期在农历的七月初七，因此也称"双七节""七月七"，又因为七夕节与女性关系很密切，因此也称"女儿节""少女节"或"女节"。

民间传说，每年的农历七月初七晚上，牛郎织女会在"天河"相聚，而凡间的人们，就借这良夕吉时，在院中摆设香案，向牛郎织女双星乞巧、乞福寿、乞子、祈求有情人可以天长地久。

传说织女是一位纺织高手、女红大师，人们就在七夕节乞巧，请求她传授女红技艺。"女红"，指女子所做的纺织、刺绣、缝纫等针线活。古时候，无论是大家闺秀还是穷人家的女孩子，都要精通女红。男子择妻，也以"德言容工"四个方面来衡量，其中的"工"即为女红活计。

七夕的牛郎织女传说最早来源于人们对自然天象的崇拜，古人很早就开始探索宇宙的奥秘，并由此演绎出一套完整深刻的观星文化。

在上古时期，七夕时间的确定来源于织女星位置的变化。织女星是北半球最亮的恒星，很早就被人们注意到了。七月的月序就是根据织女星出现的位置来确定的。当黄昏时候织女星出现在正东方向，就说明进入了秋季，第一次出现就在七月初一。

因此，织女星是上古民众眼中的季节标志星。此时的牵牛星隔着银河，与织女星遥遥相望、熠熠生辉，因此，在古代同样标志着天文时间变化。

由此可见，把织女、牵牛联想成有故事的主角，与这两颗星辰的天文地位有着密不可分的关系。

随着社会生活的发展，人们运用丰富的想象力，将天上的自然现象和人间的实际生活联系到一起，逐渐创造产生了牛郎织女的传说故事。

《牛郎织女》，这则凄美的民间爱情故事流传的版本很多，虽然各个版本的故事情节甚至人物名称都有差别，对牛郎织女最终是否在一起的结局也有不同，但基本的"男主人公与老牛相依为命""仙女下凡洗澡后与男主人公结合""婚后男耕女织""仙女被带回天界""男主人公为爱情与天界斗争"这些情节框架都是一致的。

其中，广泛流传的版本是这样的。

相传，织女是天帝的孙女，她在见到牵牛后，两人一见钟情，情投意合，便私订终身，但是天条律令是不允许男欢女爱、私自恋爱的。于是，王母娘娘便将牵牛贬到了人间，并惩罚织女不停地织云锦。

织女坐在织机旁常常泪流满面，但她还是会尽心织好云锦，为的就是博得王母娘娘大发慈悲，让牵牛早日返回天庭。

有一天，几个仙女见织女整日苦闷，便恳求王母娘娘让她们一起去人间的碧莲池一游。王母娘娘心情正好，便答应了她们。

话说牵牛被贬到凡间后，生在了一个农民家中，取名"牛郎"。由于父母早逝，哥哥和嫂子对待牛郎非常刻薄，于是牛郎便与一头老牛相依为命，一同生活。

殊不知，这头老牛就是当年为牵牛求情，被王母娘娘贬到人间的金牛星。一天，老牛突然对牛郎说："你今天去碧莲池一趟，那边有几个仙女在洗澡，你把那件红色仙衣藏起来，红色仙衣的主人就会成为你的妻子。"

牛郎见老牛会说话，知道它是个神物，便照着老牛的话做了。

那件红色仙衣的主人正是织女，虽然牛郎已经记不起织女，但织女认出了他就是牵牛。于是，织女答应了牛郎的求婚，两人结为夫妇，开始了幸福的生活。不久，他们还生下了一儿一女。

可是，好景不长，王母娘娘知道了此事，速派天兵天将来捉拿织女。

这一天，织女正在做饭，下地回来的牛郎告诉她说："老牛死了，它说让我剥下它的皮，紧急的时候可以披着它飞上天。"织女听后，自然明白老牛的意思，便让牛郎剥下牛皮，埋葬了老牛。

就在这时，刮来一阵大风，织女被天兵天将带走了。牛郎见状，便赶紧披上老牛的皮，挑上一对箩筐，箩筐里坐着他们的一对儿女。

眼看就要追上织女了，王母娘娘正好赶来。她见状，便拔下头上的金簪，在牛郎和织女中间一划，顿时，一条波涛滚滚的天河横在了牛郎和织女中间。

牛郎带着两个孩子在天河这边哭，织女在天河的另一边，望着夫君和儿女也哭得声嘶力竭。

王母娘娘被这场面感动，便让牛郎和两个孩子留在了天上，但只准每年的七月初七让他们在鹊桥相会。

现在，我们在秋夜天空的繁星中，还可以看到银河两边有两颗较大的、明亮的星星，这便是织女星和牵牛星，在牵牛星的两边还有两颗小星星，这便是牛郎织女的一对儿女。

二、七夕节的发展演变

牛郎织女的传说起源很早，具体产生时代已经无法考证，现存最早的相关记载是《诗经·小雅·大东》："维天有汉，监亦有光。跂（qǐ）彼织女，终日七襄。虽则七襄，不成报章。睆（huàn）彼牵牛，不以服箱。"

这句话的意思是，看那天上的银河，河水粼粼在发光。但见天上的织女，一天七次行路忙。虽然一天七次行路忙，却总也织不成美丽的花样。看那明亮的牵牛，不能来回驾车辆。

很显然，此时描绘的织女星与牵牛星，主要还是作为星宿出现，并没有出现传说故事中的主要人物、相互关系和相关情节，这时的织女与牵牛并没有产生男女关系。

牵牛和织女发生情感交集，最早的文献记载是在战国末期秦朝初年，秦简《日书》中说："戊申、己酉，牵牛以取（娶）织女，不果，三弃。"意思是：在戊申（农历七月）、己酉（农历八月）这两个时间娶妻是不吉利的，因为这是牵牛娶织女的日子，他们三年就夫妻离散了。

这就证实了，在当时不仅有两人结合的传说流传，而且他们受天河阻挠而无法相聚的结局也影响到人们的生活，逐渐形成影响男婚女嫁的时间禁忌。也可能是用牵牛、织女的传说来强化民间的七八月禁婚嫁的忌讳习俗。

西汉时期，汉武帝迷信神仙之道，民间传说他多次与西王母相会，并且修建了昆明池象征着天上的银河，两侧耸立着两块巨石象征着天上的牵牛星和织女星。

同时，在西汉时期，七夕节的习俗广为流传，主要有斗巧、晒衣、晒书等。如《西京杂记》记载，汉高祖时期，宫女在七月七这一天庆祝节日，会穿七孔针，后世则逐渐演变为"乞巧"的习俗。

魏晋南北朝时期，百姓被迫处于战乱之中，难以实现平稳安定的幸福生活，便将这一愿望寄托于神灵，在七夕时节，人们便向牛郎织女祈求实现愿望。因此，这一时期的七夕节不仅继承发展了"乞巧"的习俗，更衍生出乞子、乞禄、乞寿的习俗。

在社会大动乱的时期，人们将自己的情感寄托于牛郎织女两人之间的坚贞爱情，表达自己的追求向往之情。

与此同时，牛郎织女的爱情故事变得更加丰满动人，而且与七夕节结合得更加紧密，由此，七夕节庆的活动内容也变得更加丰富多样，牛郎织女的传说由此广为流传。

隋唐时期，社会繁荣昌盛，七夕节的规模不断扩大，唐玄宗甚至在宫中修建了一座乞巧楼。

在这一时期，文人学者写下了无数吟咏七夕的诗篇，全唐诗中就有近千首佳作。

如崔颢《七夕》诗云："长安城中月如练，家家此夜持针线，仙裙玉佩空自知，天上人间不相见。"这首诗充分展示了当时长安七夕节日的盛况。

宋代以后，社会进一步发展，从朝廷到民间都将牛郎织女作为神灵祭祀，这种祭祀活动迅速推动七夕节的发展。

与此同时，习俗活动更加丰富，民众在七夕节庆期间进行各种各样的娱乐活动，除了保存流传下来的求灵巧、水浮针、看巧芽、拜魁星等习俗，自七月初一开始，人们就设立"乞巧市""乞巧棚""乞巧楼"等来售卖多种多样的巧物和巧果。

在宋代，七夕是一个很隆重的传统节日，当时的许多文人都写下了很多颂扬牛郎织女爱情故事的词曲，还出现了《天河配》《长生殿》等戏曲。

明清时期，七夕已经是重要的民间节日，节俗活动更加丰富多彩。据记载，七夕时，人们在院中或露台上陈设香烛和各种果实，对牛郎织女二星进行膜拜，以此来乞巧。

这一时期开始流行"丢针儿"的游戏。在农历七月初七上午，女子们将一碗水晒在太阳下，过一会儿，水面便会产生一层薄膜。这时，把平日缝制衣服或绣花的针投入水中，针便会浮在水面上。

向水中投针也是验巧的一道关，因为并不是每次投针都会悬浮的，有时需要连投很多次。所以，那些投针一次成功的女子才会得到灵巧的称赞。

然后，就是验巧的关键时刻了——"看巧影"。如果看到水底的针影是细直的，或者成云物、花朵、鸟兽的影子，便是"乞得巧"，表明这个女子是灵巧的。

但是，如果看到水底针的影像是槌子般粗直或弯曲不成形，则表明投针的女子"乞得拙"，这是织女给的石杵，说明这个女子很笨拙。

另外，东北满族的乞巧又别具民族特点。当地人不用钢针，而用本地盛产的松针代之，称为"掷花针"，放在水碗中观看针影。从民间到宫廷，都曾有过"掷花针"乞巧的习俗。

三、七夕节的民俗文化

传统七夕节节俗活动丰富多彩，其主要的文化诉求是乞巧、乞子、乞美、乞智、乞成人。在乞巧方面的主要节俗活动有祭拜织女、对月穿针、观影占巧、蜘蛛乞巧、观看巧云、吃巧果、食巧饭等；在乞子方面的主要节俗活动有种巧芽、吃芋头等；在乞美方面的主要节俗活动有以凤仙花汁染红指甲、采树叶洗发、接露水洗浴等；在乞智方面的主要节俗活动有拜魁星等；在乞成人方面的主要节俗活动有祭祀"七娘妈"诞辰等活动。

七夕节自西汉产生以来，虽然历经两千多年未曾消亡，但是自近代社会转型至今，其衰落已成为不争的事实。

2006年5月20日，七夕节被列入第一批国家级非物质文化遗产名录。

近年来，七夕因"牛郎织女"的美丽爱情传说，而成为象征爱情的节日，并产生了"中国情人节"的文化含义。

中国七夕节虽然诞生时间比西方情人节（2月14日）早得多，而且一直在民间流传，经久不衰，但目前在年轻人中，七夕节远不如西方情人节受宠。

其实，和洋节相比，七夕等传统节日在文化和内涵上更有潜力可挖，如果将浪漫、温馨、娱乐等时尚元素植入传统节日，传统节日可以更加精彩。

第二十九讲 二十四节气：
园林中的物候景观

二十四节气是历法中表示自然节律变化的特定节令，

包含了众多信仰、禁忌、仪式、养生、礼仪等民俗，

文化形式多样，可以形成园林主题进行展示和保护。

一、"二十四节气"的来历与含义

二十四节气，是上古农耕文明的产物。它在我国传统农耕文化中占有极其重要的位置，是我国古代人民对天文、气象进行长期观察、研究的产物，其背后蕴含了中华民族悠久的文化内涵和历史积淀。

2016年11月30日，"二十四节气"被正式列入联合国教科文组织《人类非物质文化遗产代表作名录》。"二十四节气"申遗成功，是人们重新认识节气文化的契机，也是传承和保护文化遗产的新起点。

"二十四节气"非物质文化遗产是中国人通过观察太阳周年运动而形成的时间知识体系及其实践，起源于黄河流域，它以黄河流域的天文物候为依据。

早在西周的《周礼·地官·大司徒》中，就记载了使用土圭测日影的方法，测定了春分、秋分、夏至与冬至四个节气点，后又推算出立春、立夏、立秋、立冬的时间。

战国时期，二十四节气已经出现，在《逸周书》中有完整的二十四节气序列，只是个别名称顺序不同。

汉代刘安的《淮南子》中关于二十四节气的顺序与当代二十四节气完全一致。

二十四节气中既有表现寒暑往来物候变化的，也有反映气温高低降雨状况的，古人通过它能够直观、清楚地了解一年中季节气候的变化规律，以此掌握农时，合理安排农事活动。它不仅在农业生产方面起着指导作用，同时还影响着古人的衣食住行，甚至是文化观念。围绕着二十四节气中的主要节点，还形成了众多与信仰、禁忌、仪式、养生、礼仪等相关的民俗活动。

农历二十四节气包括立春、雨水、惊蛰、春分、清明、谷雨、立夏、小满、芒种、夏至、小暑、大暑、立秋、处暑、白露、秋分、寒露、霜降、立冬、小雪、大雪、冬至、小寒、大寒。

人们为了便于记忆，以二十四节气名称规律编成了《二十四节气歌》：

"春雨惊春清谷天，夏满芒夏暑相连。秋处露秋寒霜降，冬雪雪冬小大寒。

每月两节不变更，最多相差一两天。上半年来六廿一，下半年是八廿三。"

前四句是从每个节气中各取一个字按次序组成的歌诀，是整个节气歌的主体，后四句是二十四个节气的时间规律。

"二十四节气"含义表

立春	表示严冬已逝，春季到来，气温回升，万物复苏
雨水	由于气温转暖，冰雪融化，雨水增多，故取名为雨水
惊蛰	蛰的本意为藏，动物冬眠称"入蛰"。古人认为冬眠的昆虫被春雷惊醒，故称惊蛰
春分	这一天正当春季九十天的一半，故称"春分"。昼夜长度各半，冷热均衡，一些越冬作物开始进入春季生长阶段
清明	含有天气晴朗、草木萌发之意。此时气温渐暖，草木发芽，大地返青，也是春耕春种的好时节
谷雨	由于雨水增多，滋润田野，有利于农作物的生长，故有"雨生百谷"之说
立夏	标志着夏季的开始，视为气温升高的开端。此时万物生长旺盛，欣欣向荣
小满	其含义是夏熟作物籽料已经开始灌浆饱满，但尚未成熟，故称"小满"
芒种	芒，指某些禾类植物籽实的外壳上长的针状物。芒种指小麦等有芒作物即将成熟，可以采收留种了，也预示着农民开始了忙碌的田间生活
夏至	是全年中白昼最长、黑夜最短的一天，也说明即将进入炎热的夏季
小暑	属于"三伏"中的初伏，天气闷热。气温虽高，但还不是最热的时候，故称小暑
大暑	正值"中伏"前后，也是我国大部分地区一年中最热的时期，气温最高
立秋	预示着秋季即将开始，天气逐渐转凉。不过暑气并未尽散，还有气温较热的"秋老虎"之说
处暑	代表暑热即将结束，天气由炎热向凉爽过渡
白露	由于昼夜温差加大，水汽在草木上凝结成白色露珠，故称白露

秋分	与春分相同，昼夜几乎等长，处于整个秋天的中间
寒露	气温继续下降，天气明显转凉，早晨和夜间地冷露凝。我国的大部分地区开始进行秋收秋种
霜降	由秋季过渡到冬季的节气，开始有霜冻的现象出现
立冬	标志着冬季的开始。田间的操作也随之结束，作物在收割后进行贮藏
小雪	大地呈现初冬的景象，但还没到大雪纷飞的时节
大雪	此时天气较冷，不仅降雪量增大，降雪范围也更广
冬至	与夏至相反，白昼最短，黑夜最长，开始"数九"。过了冬至，白昼就一天天地增长了
小寒	此时正值"三九"前后，大部分地区开始天寒地冻，但还没有到达寒冷的极点
大寒	是一年当中最冷的一段时间，与小寒相比严寒加剧

除了"二十四节气"，古人以一双慧眼和一颗细腻的心，观花开花落、燕来燕往，总结出博大精深的一年四季"七十二候"。

古代以五天为一候，三候为一节气，六节气为一季，四季为一年，一年"二十四节气"共七十二候。各候均以一个物候现象相应，也就是说，每一候都有相应动植物生命活动的季节性现象和在一年中特定时间出现的某些气象、水文现象特征。其中植物的物候有萌芽、抽枝、展叶、开花、结果及落叶、休眠等；动物的物候有迁徙、初鸣、终鸣、冬眠、交配等；非生物的物候有初霜、终霜、结冰、消融、初雪、终雪等。

以"清明"节气为例，其三候为：一候桐始华；二候田鼠化为鴽；三候虹始见。意思是说，在清明时节先是白桐花开放；接着喜阴的田鼠不见了，全回到了地下的洞中；然后是雨后的天空可以见到彩虹了。

"七十二候"源于春秋战国时期的黄河流域，对农事活动曾起过一定作用。虽然其中有些物候描述不那么准确，其中还有不科学成分，但对于了解古代华北地区的气候及其变迁，仍然具有一定的参考价值。

二、"二十四节气"与园林的关系

与许多濒危的遗产不同的是,"二十四节气"是最贴近人们生活的非物质文化遗产。它现在仍然鲜活地存在于人们的生活中。

人们的生活离不开园林。园林是人所向往的自然,园林是人类的桃花源。将园林的概念引入"二十四节气"的传承保护框架之中,这无疑提供了一种非遗保护新思路。

(一)园林可作为"二十四节气"的有效载体

"二十四节气"有着一系列活态的文化活动和文化场所,它多是一种无形的状态,需要通过物质元素来表达和呈现。园林作为空间和物质实体的集合,可以作为承载和表达"二十四节气"非物质文化遗产的一种理想载体。

除了空间和场所等物质载体之外,随着现代科技的发展,虚拟载体正逐渐成为园林文化的构建方式。"二十四节气"同样可以通过虚拟的方式融入园林之中。例如,中国农业博物馆在室外展园中独立设置了三幕影院,播放3D影片《二十四节气》,用虚拟影像的新形式来承载和传播"二十四节气"。

(二)园林可为"二十四节气"的展示提供场所

园林具备空间属性,人们可以在其中游玩体验,也可以接受教育熏陶。"二十四节气"能实现活态传承的关键是它能够得到人们的认识并接纳。

"二十四节气"具有很强的展示性。它包含着许多重要的传统文化活动,需要一定文化空间去举办。园林正好拥有这样的功能,它可以为"二十四节气"的展示提供空间场所,用人们容易接触的方式提高民众对于"二十四节气"的认知和关注。

（三）"二十四节气"可提升园林的文化内涵

"二十四节气"是最具中华文化典型性、代表性的非物质文化遗产，它拥有着丰富深厚的文化内涵。"二十四节气"中蕴含的理念、文化、艺术形式，都可以成为滋养园林的养分。

传统民俗文化代表着地域的主流或典型文化，"二十四节气"也不例外，它受地理环境、行为方式以及历史传统的影响，因而在表现形态上带有浓郁的地方特色。

当具有地域性特征的"二十四节气"文化适当植入园林中，有利于打造出有文化底蕴，体现当地特色的标志性园林文化，从而避免园林的单一性。

（四）"二十四节气"有利于维持园林的生态性

"二十四节气"是一种文化，也是一门科学。它是古人观察探索自然所总结的一门把握农作物生长时间、认知自我生命规律、观测动植物生产活动规律的科学技术。它讲求天人合一、顺应自然的思想与园林的营造理念不谋而合。

倘若把"二十四节气"的理念引入园林植物的营造之中，有利于提升园林的生态性。园林注重生态性，不单单是在生态学层面，文化生态也在其考虑范围之内。

园林讲求历史文脉的延续，反映着地域文化，在千城一面、千园一面的乱象层出不穷之际，将"二十四节气"中的地域性文化融入园林之中，也有助于园林文化生态性的维持。

三、"二十四节气"的园林表达

"二十四节气"的文化形式多样，在园林中可以以"二十四节气"作为主题，通过文字、艺术、点景、点题等方式融入景区、公园、广场、道路、建筑、园林小品之中。在阐述主题的时候，可利用节气时序性的特征，来塑造系列节气园林空间，使人们时空转换间感知节气的变化。

也可将"二十四节气"符号化，以提炼园林元素，可以是表现诗词歌赋的文字，可以是历史遗存的形态特征，也可以是书画作品的色彩形象等等，它们可以依托园林建筑、雕塑、小品、景墙、铺地、石刻等形式来表达。

"二十四节气"还可以通过影像传达，影像表达分为静态影像表达与动态影像表达。

静态影像表达即利用园林材料或者典籍、文物等传达园林效果。随着现代科技的发展，园林也不再局限于有形实体的表达，虚拟载体正逐渐成为文化园林构建元素，于人而言也是一种全新的园林体验。

动态影像传达即通过文化演出、仪式、民间口头传授等动态形式传达文化主题，为人们提供面对面交流与观赏的机会。

俗话说："花木管时令，鸟鸣报农时。"植物与"二十四节气"息息相关，用园林植物来表达"二十四节气"是最贴近自然的一种形式。根据"二十四节气"打造园林植物景观，是一门科学的实践，也是一场诗意的体验。

在"二十四节气"非物质文化遗产中，保存着大量有关植物种植以及植物与节气的文化记载，其中，"二十四番花信风"流传甚广。

二十四番花信风，又称为"二十四风"。花信风，是应花期而来的风，意即带有开花音讯的风候。我国古代以五日为一候，三候为一个节气。每年冬去春来，从小寒到谷雨这八个节气里共有二十四候，每候都有某种花卉绽蕾开放，于是便有了"二十四番花信风"之说。

在这一记载中，一年花信风梅花最先，楝花最后。经过二十四番花信风之后，以立夏为起点的夏季便来临了。

二十四番花信风的顺序如下：

小寒：一候梅花、二候山茶、三候水仙；

大寒：一候瑞香、二候兰花、三候山矾；

立春：一候迎春、二候樱桃、三候望春；

雨水：一候菜花、二候杏花、三候李花；

惊蛰：一候桃花、二候棣棠、三候蔷薇；

春分：一候海棠、二候梨花、三候木兰；

清明：一候桐花、二候麦花、三候柳花；

谷雨：一候牡丹、二候荼蘼、三候楝花。

十二生肖：
园林中的动物景观

十二生肖，又叫十二属相，其起源与动物崇拜有关，

后逐渐融入民间信仰，反映在婚姻、人生、年运等，

受生肖文化影响，古典园林中的动物景观层出不穷。

一、"十二生肖"的起源与影响

十二生肖，又叫十二属相，源于自然界的十一种动物和一个民族图腾，即鼠、牛、虎、兔、龙、蛇、马、羊、猴、鸡、狗、猪，是中国传统文化的重要组成部分。

随着时代的发展，生肖文化被人们赋予了越来越丰富的内涵，表现在婚姻、人生、年运等方面，每一种生肖都有丰富的传说，并以此形成一种观念阐释系统，成为民间文化中的形象哲学，如婚配上的属相、庙会祈祷、本命年等。

现代，更多人把生肖作为春节的吉祥物，成为娱乐文化活动的象征。

十二生肖的起源与动物崇拜有关。据湖北云梦睡虎地和甘肃天水放马滩出土的秦简可知，先秦时期的图腾中就有比较完整的生肖系统存在。

图腾文化作为人类文明历程中一种非常独特和奇妙的现象，影响着原始人类的物质生活和精神生活。早在母系社会时期，人们为了对不同的氏族进行更好的区分，便将某种动物作为本氏族的标志，并进行崇拜祭祀，图腾便应运而生。

首先作为图腾来崇拜的是人们惧怕的虎、蛇以及想象中的龙等动物。随着人们开始定居，诸如猪、牛、鸡、狗等用来营生的动物对人们生活的影响越来越大，因此人们便把这些动物选入了图腾。

不可否认，古人对于图腾的崇拜势必会影响对于十二生肖的确定，两者之间也必然有某种难以割舍的联系。

十二生肖和农历有着密切的关系。据甲骨文记载，约在夏商时期，中国先民已经开始使用生肖。每一种动物对应一种地支，如：鼠对应子、牛对应丑，12种动物正好与12种地支——对应。

到了东汉时期，12种属相称谓有了明确的排列顺序，东汉王充《论衡》中最早记载了与现代相同的十二生肖。每年都以一种动物为代表，作为这一年出生的人的生肖，并逐渐形成了子鼠、丑牛、寅虎、卯兔、辰龙、巳蛇、午马、未羊、申猴、酉鸡、戌狗、亥猪的排序。

生肖文化，经过三千多年的发展和沉淀，内涵丰富而深厚，已深入到社会生活的各个领域；生肖动物形象，广泛涉及文化艺术的各个方面，影响极其深远，案例比比皆是。

其中，有令人陶醉的神话故事，如"鼠咬天开""牛郎织女""玉兔捣药""四海龙王"等等；有各具特色的民间习俗，如"挂老虎馍""中秋祭兔""本命年禳解（ráng jiě，指向神祈求解除灾祸）"等等；有诗情画意的文学作品，如《西游记》《封神演义》《十二生肖系列童话》等等；有相映成趣的成语典故，如"对牛弹琴""闻鸡起舞""亡羊补牢"等等；有充满智慧的民间谚语，如"龙生龙，凤生凤，老鼠生儿会打洞""山中无老虎，猴子称大王"等等；有形式多样的艺术作品，如动画片、电视剧、电影、戏剧及音乐中的《十二生肖》，邮票、文字、剪纸、雕塑和绘画中的《十二生肖》等等。

二、"十二生肖"与园林动物景观

生肖文化对中国园林也影响很大。动物一直存在于我国园林之中，园林中的动物元素景观具有悠久的历史，体现在各个时期的园林作品中，无论是北方皇家园林还是江南私家园林，动物元素大都是园林景观的重要组成部分。

从中国古代最早的园林形式——囿开始蓄养珍禽异兽，园林动物与其他园林要素共同参与造景，构成了独具民族特色的中国山水园林景观，或独自形成园林景致。

此外，园林动物对于塑造园林的审美情趣和意境营造，也发挥着重要的作用。飞禽走兽，给静谧的园林山水增添了无限生机与活力。莺飞鱼跃，方显出花香叶茂、林泉清澈；虎啸猿啼，更映衬出山重水复、曲径通幽。各种动物闲游其中，才使得中国古典园林真正产生了返璞归真、自然宜人的美妙意境。

"明月别枝惊鹊，清风半夜鸣蝉。稻花香里说丰年，听取蛙声一片。"辛弃疾《西江月·夜行黄沙道中》这短短几句诗将中国人对禽鸟蝉虫的特殊喜爱描写得淋漓尽致。中国园林中正是因为有了鸟兽的徜徉，才更具有返璞归真、乐而忘归的美好意境。

园林中的树木花卉、亭台楼阁，假山池沼，这些静态的美景，因为有了动物的点缀，而倍加生动鲜活起来，达到动静的完美和谐，烘托出浓郁的山林气氛，使园林臻于"虽由人作，宛自天开"的境界。

动物与人类的关系密不可分，在衣、食、住、行等方面给人类提供了不可替代的帮助。我国历代的造园理论都把动物的适量蓄养视为塑造园林景观所必需的。

伴随着中国园林的发展，园林动物深受中国传统文化的影响，兼具自然属性和文化属性。在中国得天独厚的哲学思想、宗教信仰、风俗习惯和文学艺术的长期影响下，吸收各民族动物文化之精华，逐渐形成了独具特色的中国园林动物文化内涵。每种园林动物都有其不同的文化内涵，因此动物元素除了增添园林中的自然气息外，还增加了人文气息和趣味。

园林中最有名的十二生肖动物景观，要数圆明园西洋楼景区海晏堂外的十二生肖像喷泉了。

十二生肖像原在海晏堂前的扇形水池喷水台南北两岸12座石台上。南岸分别为子鼠、寅虎、辰龙、午马、申猴、戌狗；北岸则分别为丑牛、卯兔、巳蛇、未羊、酉鸡、亥猪。

这些肖像都是兽首人身，头部为铜质，身躯为石质，中空连接喷水管，每隔一个时辰（两小时），代表该时辰的生肖像便从口中喷水；正午时分，十二生肖像口中同时涌射喷泉，蔚为壮观。这些青铜生肖雕像高50厘米，雕刻精细，是清代青铜器中的精品。

兽首铜像是清朝乾隆年间铸造，由宫廷西洋画师意大利人郎世宁主持设计，法国人蒋友仁监修，宫廷匠师制作。

郎世宁起初是要建造具有西方特色的裸体女性雕塑，可是乾隆皇帝觉得这有悖中国的伦理道德，所以勒令重新设计。于是郎世宁考虑到中国的民俗文化，便以十二生肖的坐像取代了西方喷泉设计中常用的人体雕塑。

1860年，十二生肖兽首被英法联军掠夺后流落四方。目前，牛首、猴首、虎首、猪首、鼠首、兔首、马首七尊圆明园流失兽首铜像通过不同的方式回归祖国。其中，猪首铜像和马首铜像由何鸿燊先生分别于2003年和2019年出资购买后送归国家；鼠首和兔首由法国皮诺家族于2013年无偿捐赠中国。剩余五尊仍下落不明。

以十二生肖为代表的动物景观与中国古典园林相伴而生，直到近代园林兴起后它们才真正分开。20世纪中期后，世界城市化进程的快速发展，对环境产生了消极影响，也造成对野生动物的无视、排挤、猎杀等行为。

由于现代园林如公园多是开放性的环境空间，动物元素的应用受到极大制约，再加上各种野生动物园的兴起，园林设计师不再把动物元素作为造园的重要要素，动物元素便很少出现在现代园林中。

三、园林中的动物景观设计

动物是中国园林的组成要素之一，使园林真正具备了返璞归真、自然天成的意境，而飞禽、走兽、游鱼、鸣虫以其声音、姿态、颜色创造了独特的景致。园林中的动物景观设计可从如下几方面入手。

（一）动物本身

园林中的禽类，种类丰富，典型的如仙鹤、天鹅、大雁、鸽子、喜鹊、孔雀、鸳鸯等，乃至我们常见的鸡、鸭、鹅，都可以作为园林要素来造景。

它们或飞于天际，以彰显园林空间的高度；或栖于枝头，以增添园林树木的生机；或戏于水中，以体现自然山水的活力。

"鸟鸣山更幽"，园林中因鸟鸣而显得愈发幽静、深远，因禽类而创造出静谧的氛围，如艺圃中的浴鸥池，鸥鸟翔集，游于池中，与周围环境和谐一体，呈现出自在快活的悠闲之景。

随着园林景观与居住生活的联系日益紧密，大型凶猛动物逐渐被体态优美的小型动物所替代。

美丽的"丽"繁体写作"麗"，说明古人认为鹿是美丽的。无论是那独特的角，还是油光水滑的花纹斑点皮毛，以及修长健壮的四肢，尤其是鹿天性中善良、柔美、内敛的气质，更是值得人们称赞。唐代韦应物《述园鹿》诗中有"兹兽有高貌，凡类宁比肩"的赞誉。

鱼是园林中最常见的水生动物，庄子的《知鱼之乐》、白居易的《观游鱼》等，对鱼的描绘表现出园林水景由于鱼而更具内涵和灵性。

例如，苏州怡园的画舫斋、避暑山庄的知鱼矶、洛阳西游园的钓台、杭州西湖的花港观鱼等，随处可见鱼的身影，游鱼上下嬉戏与绿水相互交映，波光潋滟，既有静之乐，又有动之趣。

昆虫在园林中起点缀作用，最常见的有蝉鸣、蛙叫、蝶舞、蜂飞等。"蝉噪林逾静"，虽有蝉鸣却显得园林更加幽静，在这种声境之中，人们远离喧嚣，忘记尘俗，达到心我合一的境界。

（二）动物造型

中国古典园林中，常以绘画、雕刻等手法创作动物形象以装饰、点缀园林建筑。

建筑虽然是凝固的艺术，却不显得沉闷，因为这些动物装饰不仅使建筑具有腾跃之美，又含有消灾祈福、主持公道之意。如北京中山公园南门前的一对距今千年的石狮，为皇家的社稷坛看门至今。

园林装饰图案中的动物形象，大多出现在建筑围墙、漏窗、铺地、雕塑、飞罩中。如苏州拙政园留听阁内装饰了松、竹、梅、鹊的飞罩，技艺高超，构思巧妙，将"岁寒三友"和"喜鹊登梅"寓意融合在一起，是园林飞罩中难得一见的精品。

园林中出现的动物造型，以形会意，达到了园林景致与游人内心情感的统一。

（三）动物色彩

色彩是最具感染力和表现力的艺术，不同的动物色彩为园林增添了独特的景色。如孔雀，色彩绚烂，舞姿美妙，展现了动物在色彩与叫声上的美感。

清代园艺学家陈溟子《花镜》中提道："江海汪洋，鳞介之属无穷，总非芳塘碧沼之美观。姑取一二有色嘉鱼，任其穿萍戏藻；善鸣蛙鼓，听其朝吟暮噪，是水乡中一段活泼之趣，园林所不可少者也。"

"鳞介"泛指有鳞和介甲的水生动物。这段话是说，在江海之中，鳞介种类众多，总比不上池沼中人工饲养的美观。在池沼中点缀些颜色艳丽的游鱼，任由它们在水生植物之间穿梭；早晚听取蛙类的鸣叫，可体现水乡的生趣，是园林中不可或缺的组成部分。

现在园林池沼里都会蓄养金鱼或者各色鲤鱼，夏秋季荷花或睡莲开放之时，游览者可以饱览"鱼戏莲叶间"的美景。

（四）动物寓意

园林动物同样承载着古人美好的寄托，成为中国园林文化的一大特色。

仙鹤象征着情操高洁，于是有林和靖"梅妻鹤子"的故事；对马的歌颂体现出人们的壮志雄心，因此有"老骥伏枥，志在千里"一说；鹿是"禄"的同音字，它的驯养表达了主人对吉祥如意的追求；鸳鸯是爱情专一的象征；羊，古同"祥"字，寓意吉祥，有"三阳开泰"之说；鱼，谐音"余"，鳞片鲜艳，寓意年年有余，金玉满堂；蝙蝠，园林中多有"五福捧寿"的图案，寓意多福多寿；龟与鹤，代表长寿，有"龟鹤齐龄"的说法，等等。

彩蛋

从先秦风物到秦汉风骨

在第三讲里我们说过，从蓬莱神话中的东海三仙山衍生出了"一池三山"园林营造模式，在以后各朝代的皇家园林以及一些私家园林中得以继承和发展。

"一池三山"指神话传说中东海里的蓬莱、方丈、瀛洲三座仙山，那里有仙人居住，仙人有长生不老之药，人吃了可以长生不老，使得众多皇帝对它疯狂探寻。

据《史记》记载，秦始皇妄想长生不老，曾多次派人寻仙境、求仙药。其中特别有名的是"徐福东渡的故事"。

话说秦始皇统一了六国，君临天下，自然而然就想向天再借五百年，想仙福永享、寿与天齐。

有一次，秦始皇到泰山封禅结束后，东巡路过龙口（隶属山东烟台）——当时还叫作黄县，在地方官的安排下，方士徐福以地方名流的身份晋见了皇上，并随团继续巡视。

到了琅琊台（在今山东青岛）的时候，徐福正式上书说：东海中有蓬莱、方丈、瀛洲三座仙山，山上有神仙，神仙有仙药，吃了就可以长生不老。他愿意赴汤蹈火，为皇上求取仙药。

秦始皇龙颜大悦，给了他很多金银财宝，命他入海求仙。

但没过多久，徐福就回来了，说他见到了神仙，但是神仙嫌见面礼不够，需要漂亮的童男童女和各种钱财物品作为献礼，才能得到仙药。秦始皇就派了500名童男童女，携带大量财物，跟随徐福再次出海。

第二年，秦始皇再次东巡，顺便来找徐福，虽然路上遇到了刺客张良用大铁锤袭击，但躲过一劫的他仍按原计划到达琅琊，可惜没见到徐福。

他再见到徐福的时候已经是十年之后，在他第三次东巡途中。徐福依然没有找到仙药。他的解释是这样的：本来就要拿到仙药了，但是海上有大鱼护卫仙山，令他功败垂成。

这次，秦始皇亲自率领弓箭手到海上与大鱼搏斗，杀了条大鱼之后，兴冲冲地回去了，心想这下子可好了，徐福终于可以拿到仙药了。

但是，秦始皇还是没有等到仙药，在返回咸阳的路上，就病死了，他的手下为了篡位，秘不发丧，全国人民都不知道。

没有借口的徐福一时也骑虎难下，于是在公元前210年，他带着浩浩荡荡的求仙团队漂洋过海，寻找虚无缥缈的三神山和灵丹妙药。从此，再未回到中原。

由于寻仙之事迟迟没有结果，秦始皇只得借助园林来满足他的奢望。他在修建"兰池宫"时为追求仙境，就在园林中开挖了一池湖水，湖中建造三岛象征传说中的三神山，居住在这里就好像神仙一般。

受此启发，汉高祖刘邦在兴建未央宫时，也曾在宫中开凿沧池，池中筑岛。汉武帝刘彻兴建的建章宫更是"一池三山"的典范。

关于秦始皇、汉武帝，乃至秦汉时期更多的园林知识与趣闻轶事，敬请关注本丛书下一册《挺有意思的秦汉园林》。